타나톨로지, 죽는다는 것

국립중앙도서관 출판시도서목록(CIP)

타나톨로지, 죽는다는 것 : 삶과 죽음에 대한 철학적 대화
/ 손병홍 지음. — 파주 : 효형출판, 2011
    p. ;   cm

참고문헌 수록
ISBN 978-89-5872-098-0 03100 : ₩14,000

생사(삶과죽음)[生死]

126.5-KDC5
128.5-DDC21   CIP2010004778

타나톨로지, 죽는다는 것

삶과 죽음에 관한 철학적 대화

손병홍 지음

효형출판

끊임없이 진행되는 삶과 죽음의 현장에서

요즈음 텃밭 가꾸는 재미에 빠져있다. 거친 흙을 뚫고 나오는 새싹은 생명의 경이로움을 새삼 느끼게 하고, 갖가지 자태로 고운 색을 뽐내는 꽃을 보는 것은 세속에 찌든 저자의 눈을 즐겁게 만든다. 푸성귀를 따먹는 재미도 여간 쏠쏠한 게 아니다.

밭일의 결점 중 하나는 살생을 해야 한다는 것이다. 푸성귀를 잘 키우기 위해서는 김을 매주어야 하는데, 남아있는 푸성귀보다 훨씬 많은 양을 솎아내야 한다. 뽑아낸 잡초와 솎아낸 푸성귀는 이내 시들고 말라죽는다. 며칠 전에는 달걀의 노른자와 포도씨유를 섞은 친환경 살충제인 난황유를 살포했다. 진딧물과 같은 미물이지만 무수한 생명의 생명줄을 끊은 셈이다. 어찌 밭일뿐이랴. 오늘 아침에 한 샤워로 내 몸에 기생하는 수많은 생명이 죽었을 것이다. 우리는 매 순간 끊임없이 진행되는 삶과 죽음의 현장에서 제대로 한몫하고 있다.

어릴 적 살던 곳 근처에 폐채석장이 있었다. 동네 아이들과 정신없이 뛰어놀다 지치면, 큰 바위 위에 누워 하늘을 바라보

곤 했다. 어느 땐가 그곳에서 하늘을 보며 '하늘에 끝이 있을까?', '사람이 죽으면 어떻게 될까?' 생각했던 기억이 난다. 아마도 의식 한편에 남아있던 이러한 생각들이 철학과를 선택하여 평생을 철학쟁이로 살게 한 원인 중 하나였을 것이다. 철학자나 이해할 만한 전문적이고 현학적인 작업을 하면서도 이러한 질문에 대해 나름대로 정리해봐야겠다는 생각이 항상 남아 있었다.

'하늘에 끝이 있는가?'라는 생각은 어느 정도 정리될 수 있었다. 우주의 탄생과 크기를 설명할 수 있는 천체물리학이론인 빅뱅Big Bang 이론과 파동이론(빅뱅과 빅크런치Big Crunch가 반복하여 발생한다는 이론)을 피상적으로나마 접할 수 있었고, 무한집합과 관련된 러셀의 역리를 알게 되면서 '우주'라는 개념이 이해되기 어려운 근본 이유를 깨달았기 때문이다.

채석장에서 가졌던 두 번째 생각인 '죽음'은 지금까지 꾸준히 관심을 가지고 있는 주제다. 죽음을 주제로 다룬 책들을 뒤적이다가 개인 동일성과 영생의 문제를 다룬 존 페리John Perry의 책을 번역하기도 했고, 죽음을 주제로 세미나 강의를 개설하기도 했다. 이 책은 죽음에 대한 나의 생각을 나름대로 정리해보려는 최초의 시도다.

　이 책은 죽음과 관련된 다섯 편의 대화로 구성되어있다. 첫 번째 대화는 죽음의 공포에 대한 극복 가능성을 다룬다. 인간은 누구나 죽는다. 죽음은 생명을 가진 인간에게 닥칠 가장 중대한 사건 중 하나다. 자신에게 닥칠 죽음을 예감한 사람 대부분은 두려움과 공포에 시달린다. 그러나 예외적으로 죽음의 두려움을 극복하고 의연하게 죽음에 대처한 사례도 적지 않다. 자신의 신앙을 위해 목숨을 버린 순교자나 윤봉길 의사 같은 독립투사 들이 대표적이다. 우리처럼 평범하게 일상생활을 하는 사람들에게서도 그러한 사례를 찾아볼 수 있다. 죽음을 앞두고 자신이 입을 수의와 장지 등 자신의 죽음을 의연하게 준비하는 평범한 사람들을 주위에서 쉽게 발견할 수 있다. 이들은 어떻게 자신이 아끼고 사랑하는 모든 것과의 단절을 의미하는 죽음의 공포로부터 벗어나 죽음에 의연하게 대처할 수 있을까? 이 물음에 대한 답변의 단초를 톨스토이의 소설 《이반 일리치의 죽음》에서 찾을 수 있다. 전형적 속물인 주인공 이반 일리치는 불의의 사고로 불치병을 얻고 곧 닥쳐올 죽음을 예감하게 된다. 죽음의 공포와 죽음은 자신이 성취한 모든 것을 앗아갈 것이라는 절망감에 시달리던 주인공은 죽기 직전 순간적인 깨달음을 통해 죽음의 두려움에서 벗어나 의연하고 평온하게 죽음을 맞게 된다. 첫 번째 대화는 죽음의 두려움을 극복한 이반 일리치의 깨달음의 내용이 무엇이고, 그러한 깨달음이 가능한가에 대해 다룬다.

두 번째 대화는 영생immortality과 관련된 문제를 다룬다. 불로초를 구하려 했던 진시황의 경우에서 볼 수 있듯 고금을 막론하고 젊고 건강하게 오래 살기를 소망하는 것은 보편적 현상이다. 첨단 과학의 시대에 사는 우리도 예외가 아니다. 많은 사람이 몸에 좋다는 보약에 탐닉하고 특히 일부 종교인은 천국에서 영원히 살 수 있다는 영생을 갈망한다. 그러나 이들 대부분은 단지 영원히 행복하게 사는 것을 소망할 뿐, 영생의 여러 가능한 형태와 어떤 영생이 바람직한지에 대해서는 심각하게 고려하지 않았으리라. 체코의 극작가 카렐 차페크의 희곡 《마크로풀로스 어페어》는 영생의 문제를 다룬다. 여기서 카렐 차페크는 영생의 한 형태를 제시하는데, 주인공은 이러한 형태의 영생을 거부한다. 두 번째 대화는 가능한 영생의 여러 형태를 살펴보고, 영생이 바람직한가 생각해본다.

세 번째 대화에서 다루는 주제는 죽음에 대한 에피쿠로스의 견해다. 에피쿠로스에 따르면, 죽음이 완전한 무로 돌아가는 것이라면 죽음은 죽는 당사자에게 전혀 나쁜 것이 아니다. 이러한 그의 주장은 지극히 자명한 논리적 추론으로 얻은 결론이다. 죽음은 살아있음과 죽어있음을 나누는 순간에 불과하므로, 죽음이 나쁜 것이라면 죽음의 해악은 죽는 당사자가 살아있는 동안이나 죽은 후에 발생해야 한다. 살아있는 동안에는 아직 죽지 않았으므로 죽음의 해악이 발생하지 않았다. 마찬가지로 죽고 난 후에도 죽음의 해악은 발생할 수 없다. 죽음의 해악을 경험하고 당하는 주체가 더 이상 존재하지 않기 때문이다. 이러한 에피쿠로스의 입장은 사회적으로 악영향을 끼칠 수 있다. 한 예로 죽음이 죽는 당사자에게 나쁜 것이 아니라면 자살이 정당화될 여지를 제공한다. 많은 철학자들이 죽음에 대한 에피쿠로스의 견해를 극복하려 시도하고 있다. 에피큐리언의 견해라 불리는 에피쿠로스의 죽음에 대한 입장과 이를 극복하기 위한 시도들의 타당성 여부를 다룬다.

종교를 믿는 대다수 사람들은 육체와 분리되어 독립적으로 존재할 수 있는 정신적 실체인 영혼의 존재를 믿는다. 특히 일부 종교인이나 소수의 극단적인 학자 들은 영혼이 실제로 존재함을 보이는 증거가 있다고 주장한다. 이들에 따르면 퇴행 최면을 통한 전생 체험이나 임사 체험 등이 영혼의 존재를 보이는 증거다. 네 번째 대화에서는 전생 체험의 대표적 사례인 브리디 머피의 전생 체험과 정신과 의사인 무디의 임사 체험에 대한 보고를 살펴보고, 이들이 과연 영혼의 존재를 보이는 증거도 간주될 수 있는가를 다룬다.

다섯 번째 대화는 개인 동일성을 다룬다. 개인 동일성이란 시·공 속에서 끊임없이 변하고 있는 인간을 하나의 동일한 인간으로 취급하는 근거와 기준이 합리적으로 성립할 수 있는가 하는 문제다. 생명이 없는 무생물의 경우도 하나의 동일한 개체라는 우리의 판단은 어려움을 야기할 수 있다.

바닷가에 사는 어부가 동일한 구조와 재질의 배 두 척을 사들여 한 척은 A호로 다른 한 척은 B호로 명명했다. 개인적 사정으로 어부는 두 척 중 A호만 사용하고 B호는 포구에 정박시켜놓았다. A호만을 사용했기 때문에 A호가 고장나게 되었고, 이에 따라 어부는 A호의 고장난 부분을 B호에서 떼어내 대체하고 B호의 떼어낸 부분은 A호에서 떼어낸 부분으로 대체하였다. 이러한 과정을 거쳐 결국 A호를 구성하는 모든 부분은 B호의 부분으로 대체되었고, B호를 구성하는 모든 부분은 원래 A호를 구성하는 부분으로 대체되었다. 이 경우 어부가 두 척의 배를 사들인 시점을 t_0로, 두 척의 배를 구성하는 부분이 모두 교체된 시점을 t_n이라 하면, t_0에서의 A호는 t_n에서의 어느 배와 동일한 배인가? 이 질문에 "t_0에서의 A호는 t_n에서의 A호와 동일하다"고 답변하면 이 답변은 t_0에서의 A호는 t_n에서의 A호와 전혀 다른 부분들로 구성되어있다는 사실과 상충된다. 반면에 "t_0에서의 A호는 t_n에서의 B호와 동일하다"라는 답변은 t_0에서 t_1, t_2의 시간을 거쳐 t_n에 이르기까지 A호의 부분들이 교체될 때마다 우리는 그 배를 A호라 부르며 동일한 하나의 배로 취급해왔다는 사실과 상충된다.

살아있는 유기체인 인간의 동일성에 대한 우리의 판단은 무생물의 경우보다 많은 문제점을 야기할 수 있다. 시·공 속에서 인간의 육체는 끊임없이 변할 것이고, 인간은 생각하고 느끼는 의식행위를 하는 존재이기 때문이다. 또한 개인 동일성의 문제는 중요한 윤리적·종교적 문제와 밀접하게 관련되어있다. 과거에 저지른 범죄로 처벌하기 위해서는 범죄를 저지른 사람과 처벌받는 사람이 동일한 사람이라는 판단이 선행되어야 한다. 특히 영생이나 사후 세계에 대한 우리의 믿음은 개인 동일성의 문제와 밀접하게 관련되어있다. 죽고 난 후 천국에 살아남으려면 이승에서 육체적 죽음을 맞이한 인간과 천국에서 살아남은 사람이 동일한 하나의 사람이어야 하기 때문이다.

탈고한 지금 왠지 어색하고, 등에 벌레가 기어가는듯 스멀스멀한 느낌이 든다. 이 책의 글쓰기 방식이 내게 익숙한 논문 형식도 아니고, 엄격히 말해 '죽음'이라는 주제는 논리학과 분석철학을 전공한 저자의 전문 분야라 할 수는 없기 때문이리라. 어찌 보면 이 책은 살 날보다 산 날이 훨씬 많을 것을 직감할 나이가 된 내가 죽음에 대한 나름대로의 생각을 정리해보기 위한 사고실험의 결과라 할 수 있다. 실험이 성과를 얻기 위해서는 검토와 검증이 필요하다. 견해를 달리하는 독자의 날카로운 비판과 '죽음'을 전공하는 전문 학자들의 고견과 질책을 기대한다.

봉의산 밑에서
손병홍

contents

죽음의 공포는
극복될 수 있는가

인간은 누구나 한번쯤은 자신에게 닥쳐올 죽음에 대해 진지하게
고찰해보고 나름대로 정리해보는 시간을 가질 필요가 있다는 것입니다.
이러한 시간을 갖는 것은 후에 죽음이라는 중차대한 사건을 맞을 때
의연하게 대처하는 데 도움이 될 수 있습니다.

중관　선생님께서는 조금도 변하지 않으셨습니다. 무슨 비결이라도 있으십니까?

후평　어디 가는 세월을 붙잡을 방법이 있겠습니까? 나도 몇 년 전부터 전반적으로 몸이 쇠약해지고 있음을 느낍니다. 그런데 이 선생은 얼굴이 어두워 보입니다. 무슨 걱정거리라도 있습니까?

중관　아마 며칠 동안 잠을 설쳐서 그런가 봅니다. 최근 제 친구에게 생긴 불행한 사건이 '도대체 산다는 게 무엇인가' 하는 부질없는 고민거리를 만들어준 것 같습니다.

후평　그래, 어떤 사건이 밝았던 이 선생의 얼굴을 그늘지게 했습니까?

중관　절친한 친구가 얼마 전 병원에서 시한부 선고를 받고 절망에 빠져있습니다. 이 사건을 계기로 죽음에 대해 진지하게 생각하게 되었습니다. 오늘 선생님을 찾아뵌 것도 이 주제에 관해 이야기하고 싶어서입니다.

후평　학문적으로 전공은 아니지만, 최근에 관심을 기울이는 주제입니다. 생명이 있는 모든 인간은 필연적으로 죽음을 맞게 될 것이므로 '죽음'은 반드시 진지하게 생각해봐야 할 주제입니다.

중관　우선 죽음을 앞둔 제 친구는 이번 사건을 제외하면 세속적인 기준에서 볼 때 축복을 받은 사람입니다. 재벌은 아니지만, 건실한 기업을 운영하는 부유한 가정의 차남으로 태어나 부족할 것 없는 환경에서 최상의 교육을 받았습니다. 집안 내력인지 지적 능력도 뛰어나서 30대 중반에 미국의 저명한 대학에서 공학박사 학위를 취득하기도 했습니다. 지금은 이름을 대면 누구나 알만한 대기업의 이사로 근무하고 있습니다. 가정적으로도 그는 행운아입니다. 명문가 출신 미모의 재원과 결혼하여 아들과 딸을 하나씩 낳았으며, 이들도 잘 성장하여 윤택하고 행복한 가정을 꾸리고 있습니다.

두 달 전 가슴에 가벼운 통증을 느껴 병원에서 검진을 받았는데, 치료가 불가능할 정도로 폐암이 악화되었다는 판정을 받았습니다. 평소 건강에 자신이 있어서 건강검진을 게을리한 것이 불찰이었습니다. 그의 첫 반응은 도저히 믿을 수 없다는 것이었습니다. 그러나 다른 대학병원에서도 동일한 검진 결과가 나오자 자신이 처한 상태를 인정할 수밖에 없었습니다.

수술이 불가능할 정도로 악화된 상태라는 진단과 대체의학 같은 생명을 연장하려는 시도들이 돈벌이를 위한 사기극에 불과하다는 자각은 그를 절망으로 이끌었습니다. 현재 그는 정신적으로 지극히 혼란한 상태에 빠져있습니다. 일에 대한 관심이 사라진 것은 물론이고 절망감으로 자신이 그토록 사랑하고 아끼던 가족들조차 분노를 표출하는 대상이 되어버렸습니다. 한번은 식사도 거른 채 폭음으로 밤을 지새우며 울부짖다가 자해를 하기도 했습니다. 최근에는 아무것도 하지 않고 멍하니 누워서 천장만 바라보는 시간이 잦아졌다 합니다.

아마도 현재 그의 상태는 퀴블러−로스 박사의 죽음을 눈앞에 둔 사람들의 반응 다섯 단계 가운데 우울의 단계에 있는 것 같습니다.

1. 1

후평 나는 기본적으로 죽음을 앞둔 사람들의 반응을 부정·분노·타협·우울·순응의 다섯 단계로 정식화해 설명하려는 그녀의 시도를 긍정적으로 보지 않습니다. 중대한 사건에 직면한 인간의 반응은 그가 살아온 환경이나 지식, 믿음 등에 따라 미묘하고 다양한 양상을 띠기 때문에 몇 가지 범주로 나눌 수 없습니다. 이 선생 친구의 경우도 다섯 단계 가운데 여러 단계가 함께 나타나기도 하고, 타협의 단계는 나타나지 않은 것으로 보이지 않습니까.

중관 저도 그녀의 분류를 전적으로 신뢰하는 것은 아닙니다. 단지 죽음을 앞둔 사람의 정신적 반응을 정리해보려는 최초의 시도라는 점에서 의의를 찾을 수는 있겠지요. 죽음을 눈앞에 둔 친구의 문제는 퀴블러-로스 박사의 죽음학과 직접적으로 연관된 것이 아니므로 그녀의 주장에 대해서는 다른 기회에 다루는 편이 좋을 것 같습니다.

1. 2 　　제가 대학원생 시절 선생님께서는 죽음에 대해 강의를 하셨던 것으로 기억합니다. 죽음을 앞두고 절망에 빠져 괴로워하는 제 친구에 대해 하실 말씀이나 떠오르는 생각은 없으십니까?

후평　글쎄요. 냉혹하게 들릴지 모르지만, 이성적으로 나는 죽음을 앞둔 이 선생 친구의 반응은 비합리적이라는 생각이 드는군요.

1. 3 　　"모든 사람은 죽는다 소크라테스는 사람이다. 그러므로 소크라테스는 죽는다"라는 삼단논증은 전제들로부터 결론이 필연적으로 도출되는 타당한 논증의 가장 전형적인 예로써 중학교만 다녔다면 누구나 알고 있는 논증입니다. 이 선생 친구의 경우처럼 질병이나, 교통사고 등의 형태로 죽음이라는 손님이 인간을 포함한 모든 생명체에게 언제라도 찾아올 수 있으므로, 앞의 논증에서 '모든 사람은 죽는다'는 첫번째 전제를 '모든 사람은 언제라도 죽을 수 있다'로 대체해도 전혀 무리가 없습니다. 이 선생 친구 역시 생명을 가진 유기체로서의 인간이므로 "모든 사람은 언제라도 죽을 수 있

Jacques-Louis David, 〈The Death of Socrates〉(1787),
Oil on canvas, 130×196cm, Metropolitan Museum of Art, New York.

다. 이 선생의 친구는 사람이다. 그러므로 그는 언제라도 죽을 수 있다"는 논증도 앞의 논증과 마찬가지로 지극히 타당한 논증입니다. 따라서 이 선생의 친구는 자신이 언제라도 죽을 수 있음을 이미 알고 있었다고 할 수 있습니다. 자신에게 언제라도 죽음의 사자가 방문할 수 있다는 것은, 명약관화한 실제로 참인 전제들로부터 필연적으로 도출되는 결론이기 때문입니다.

중관   선생님 말씀처럼 제 친구는 '자신이 언제든 죽을 수 있다'는 사실을 이미 알고 있었습니다. 그러나 제 친구가 자신이 언제든 죽을 수 있다는 사실을 알고 있었다는 것으로부터 죽음을 앞둔 친구의 절망적인 반응이 비합리적이라는 선생님의 판단은 논리적 비약입니다.

　　"모든 사람은 언제라도 죽을 수 있다"와 "A는 사람이다"라는 두 전제로부터 도출되는 결론은 "A는 언제라도 죽을 수 있다"라는 명제이지 "A가 곧 죽을 것이다"라는 명제는 아니기 때문입니다.

　　선생님 말씀처럼 정상적인 의식 활동을 하는 평범한 사람들은 자신이 언제라도 죽을 수 있다는 것을 알고 있습니다. 그러나 그들 대부분은 언제 닥칠지 모르는 자신의 죽음에 대해 고민하고 괴로워하지는 않습니다. 만약 한 건강한 젊은이가 언젠가 닥쳐올 미래의 자신의 죽음에 대해 고민하며 제 친구처럼 절망에 빠져, 지금 해야 할 일들을 방기하고 극단적으로 행동한다면 우리는 그의 행동을 비이성적이라 비난할 것입니다. 그러나 제 친구의 경우는 이와는 근본적으로 다릅니다. 그는 얼마 지나지 않아 죽을 것입니다. 죽음은 자신이 지금까지 누린 경제적 풍요와 명예 그리고 사랑하는 사람들을 포함하여 모든 것과의 단절을 의미합니다. 따라서 죽음을 앞둔 친구의 극단적 행동은 비록 자신의 처한 상황을 해결할 수는 없지만 충분히 이해될 수 있는 반응으로 보입니다.

후평   나도 정서적으로는 이 선생 친구의 반응을 충분히 이 해할 수 있습니다. 어차피 인간은 합리적이고 논리적으로만 행동하는 존재가 아니니 말입니다. 내가 하고자 하는 말은 죽음을 앞둔 이 선생 친구의 행동에 비합리적인 측면이 있다 는 것입니다.

　　지극히 건강하고 활기찬 생활을 하고 있는 전형적인 이십대 청년을 예로 들어보겠습니다. 인간의 평균수명을 감 안할 때 구체적으로 생각해보지는 않았을지 모르나, 그는 자 신이 100년 안에 죽을 것을 알고 있다고 할 수 있지 않겠습니 까? 청년의 경우 100년 안에 자신이 죽으리라는 것을 알고 있지만, 죽음의 사신이 정확하게 언제 닥칠지는 모르고 있습 니다. 이 선생 친구의 경우도 자신이 길어야 6개월 안에는 죽 을 것을 알고 있지만 정확하게 자신이 언제 죽을지 모른다는 것은 청년의 경우와 마찬가지입니다. 두 사람 모두 죽음은 밤이슬처럼 언제라도 찾아올 수 있습니다. 결국 두 사람의 경우 차이점은 생존 가능한 시간이 한 쪽은 길고 한쪽은 이에 비해 상대적으로 짧을 가능성이 높다는 것과, 한쪽은 정확하 게 언제일지는 모르지만 자신에게 닥칠 죽음이라는 중대한 사건을 남의 일인 양 개의치 않고, 다른 한쪽은 언제 닥칠지 모르는 동일한 죽음이라는 사건을 자신이 당면한 긴박하고 중차대한 사건으로 간주하고, 이에 몰두하여 다른 어떤 것에 도 관심을 갖지 못한다는 점입니다.

1. 4   《불설비유경》에 나오는 코끼리에 쫓긴 나그네의 이야기가 떠오르는군요.

중관 저도 한 번쯤 들었던 이야기인 것 같은데, 구체적인 내용은 기억이 나지 않습니다.

후평 아마 이 선생도 알고 있는 이야기일 겁니다.
   광야에서 한 나그네가 사나운 코끼리에 쫓기다가 웅덩이 속에 뻗어있는 나무뿌리를 잡고 몸을 숨겼습니다. 나무뿌리에 매달려 겨우 안심하고 있는데, 흰 쥐와 검은 쥐가 번갈아 나타나 나그네가 잡고 있는 나뭇가지를 갉아먹기 시작했습니다. 웅덩이 밑을 내려다보니, 웅덩이 네 귀퉁이에는 독사가 한 마리씩 있고 바닥에는 용이 도사리고 있었습니다. 그 와중에 나그네는 뿌리 위쪽에서 벌꿀이 몇 방울씩 떨어지는 것을 발견합니다. 상황은 더욱 악화되어 광야에 불이 나서 나무뿌리를 태우기 시작하고 벌이 쏘는 위급한 상황에서도 꿀맛에 취해 자신이 처한 절체절명의 위기를 망각하고 있다는 이야기입니다.
   이 선생도 느끼겠지만 여기서 나무뿌리에 매달린 나그네는 우리와 같은 중생을, 나무뿌리는 그 나무뿌리를 잡고 있는 대상의 목숨을, 흰쥐와 검은 쥐는 낮과 밤을 형상화한 것으로 시간의 흐름을, 용은 죽음을, 나그네가 받아먹고 있는 벌꿀은 쾌락과 욕망을 의미합니다. 이 이야기는 언젠가는 죽을 수밖에 없는 자신의 처지를 망각하거나 무시한 채 쾌락과 욕망에 빠져 하루하루를 살아가는 우리들을 나타낸 적절한 비유라 생각합니다.

조금 전에 예로 든 20대 청년은 벌꿀의 맛에 취한 나그네처럼 언제라도 닥쳐올 수 있는 죽음을 망각하거나 무시한 채 삶의 즐거움에 빠져있습니다. 이 선생 친구의 경우에도 불치의 병에 걸렸다는 진단을 받기 전까지는 20대의 청년이나 이야기 속 나그네처럼 달콤한 꿀맛에 취해서 자신이 언제라도 죽을 수 있다는 명백한 사실을 도외시하고 있었다고 할 수 있습니다. 반면 이 선생의 친구는 자신이 잡고 있는 나무뿌리가 얼마 지나지 않아 끊어질 것이며 웅덩이 바닥에 용이 도사리고 있다는 사실을 포함하여 자신이 처한 처지를 직시했다고 할 수 있습니다.

자신이 매달린 나무뿌리가 끊어져서 웅덩이 바닥에 있는 용의 밥이 될 것이라는 자각이 그를 매우 혼란스럽고 절망적인 상태에 빠지게 한 것으로 보입니다. 여태까지 탐닉하던 벌꿀도 그에게는 더 이상 달콤하지 않을 겁니다. 만약 이 선생 친구가 예전부터 자신의 처지를 자각하고 이에 대해 진지하게 생각했다면 아마도 그는 지금처럼 비이성적인 행동은 하지 않았을 겁니다.

중관　선생님의 말씀은 인간은 삶의 즐거움을 포기한 채 언제 닥칠지 모르는 죽음이라는 사건을 준비하는 구도자 같은 생활을 해야 한다는 말씀처럼 들립니다. 저와 제 친구를 포함하여 대부분의 평범한 사람들은 생활비와 자녀의 학자금을 걱정하며 하루하루를 살아가는 평범한 생활인입니다. 이들에게 삶이 주는 권리와 의무를 방기하거나 포기한 채 구도자와 같은 삶을 요구하는 것은 비현실적이고 무책임해 보입니다. 도를 구하기 위해 출가한 사람 때문에 남은 가족들이 겪는 고통과 폐해를 어렵지 않게 볼 수 있습니다. 또한 구도자와 같은 삶을 추구하는 것이 죽음의 문제를 해결할 수 있는 최선책으로 보이지도 않습니다.

　　누군가에게 들은 이야기가 떠오르는군요. 일본에서 오랫동안 수행을 하여 누구에게나 인정받는 고승이 있었다고 합니다. 그런데 우연한 기회에 그를 검진한 의사는 그 스님이 회복될 수 없는 중병에 걸렸음을 발견했습니다. 오랜 시간 세속을 등지고 선禪 수행을 해온 고승이라 의사는 스님에게 병에 대해 진실을 전달해도 자신이 처한 사태를 이해하고 잘 넘길 수 있으리라 판단했습니다. 그러나 의사의 판단은 잘못된 것이었습니다. 자신이 치유될 수 없는 불치병으로 앞으로 남은 시간이 얼마 없다는 소식을 접한 스님은 충격을 받고 심장마비로 죽었고 합니다.

　　제가 하고자 하는 말은 삶의 즐거움을 포기한 채 모든

관심을 죽음에 집중하여 숙고한다고 해서 죽음이 그를 비켜 가지 않는다는 점입니다. 제 친구의 경우, 자의는 아니겠지만 최근 그의 주된 관심사는 죽음일 것입니다. 또한 그는 깨어있는 거의 모든 시간을 죽음에 대해 생각하며 지내고 있을 것입니다. 그렇지만 죽음에 대한 그의 관심은 오히려 그를 괴롭히는 역할을 하고 있습니다.

후평 결코 나나 이 선생과 같은 일반인이 일상생활을 포기하고 구도자의 삶을 살라는 주장이 아닙니다. 스스로 절실함을 느낀 경우가 아니라면, 종교에 입문하는 것조차 찬성하지 않습니다. 내가 말하고자 하는 바는 누구나 한번쯤은 자신에게 닥쳐올 죽음에 대해 진지하게 고찰하고 나름대로 정리하는 시간을 가질 필요가 있다는 점입니다. 이러한 시간을 갖는 것이 훗날 죽음이라는 중차대한 사건을 맞을 때 도움이 될 것입니다.

죽음을 맞이하면서도 정서적인 기복을 드러내지 않고 의연하게 자신의 주변과 사후의 일까지 정리하는 사람들을 가끔 주위에서 볼 수 있지 않습니까? 죽어서 입을 수의는 물론, 죽어서 자신이 묻힐 장소까지 스스로 마련하는 평범한 촌로의 경우처럼 이들 대부분은 자신의 삶을 열심히 살아온 평범한 사람들입니다. 그러나 이들이 미리 죽음을 준비할 수 있었던 까닭은, 언제일지 모르지만 한번은 필연적으로 닥쳐올 죽음에 대해 진지하게 생각하고 나름대로 정리하는 시간을 가졌기 때문입니다.

중관   선생님의 영향 때문인지 저는 천국이나 극락 같은 것을 믿지 않습니다. 제가 아는 한 제 친구도 절이나 교회 근처에 가본 적이 없는 반反종교적인 성향을 가진 사람입니다. 따라서 저와 제 친구에게 죽음은 완전한 단절을 의미합니다. 죽음이 모든 것과의 완전한 단절이라면 우리가 미래에 닥쳐올 죽음에 대해 아무리 진지하게 사고한다 해도, 죽음으로 모든 것과의 단절된다는 냉엄한 사실을 재확인하는 것 외에 아무런 도움도 되지 않습니다.

후평   글쎄요. 우선 언제라도 죽을 수 있다는 것과 죽음은 모든 것과의 완전한 단절이라는 냉엄한 사실을 확실하게 인지하는 것은 그 사람의 앞으로의 삶에 대한 태도에 영향을 줄 것이고, 죽음을 맞게 될 때 의연하게 대처하는 데 긍정적으로 작용하지 않을까요?
　　이 선생도 알다시피 최근에 일부 종교 단체에서 관 속에서 일정한 시간을 머무는 체험 같은 행사를 하고 있지 않습니까? 이러한 체험은 죽음을 맞을 때 죽음에 의연하게 대처하는 데 도움이 될 수 있을 것으로 보입니다.
　　이 선생은 죽음에 대해 진지하게 숙고하는 것은 죽음

이 모든 것과의 단절이라는 사실을 재확인하는 일에 지나지 않는다고 주장했습니다. 사실 '인생은 일장춘몽' 같은 표현에서 보듯, 영생을 감안하지 않는다면 죽음이 모든 것과의 단절이라는 생각은 상식적입니다. 이를 확인하기 위해서는 죽음에 대한 진지한 숙고가 필요 없을지도 모릅니다.

그러나 일반적으로 우리는 죽음이 모든 것과의 단절이라고 피상적으로 생각할 뿐, 모든 것과의 단절인 죽음이 죽는 당사자에게 무엇을 의미하고 또한 어떤 것을 함축하는지에 대해서는 심각하게 고려하지 않고 있습니다. 내가 죽음에 대해 진지하게 숙고해야 한다는 것은 죽음이 모든 것과의 단절이라는 명백한 사실이 갖는 의미와 함축하는 바에 대해 생각해보자는 뜻입니다. 그래서 '죽음이 두렵고 나쁜 것이라면 왜 그런가?', '죽지 않고 영원히 산다는 것이 한정된 삶을 사는 것보다 좋은가?'와 같은 문제에 대해 생각해볼 필요가 있습니다.

비록 소설이지만, 이 선생의 친구처럼 죽음을 앞두고 절망적인 상태에 빠져있다가 이를 극복하고 평온하게 임종을 맞이한 이야기가 있습니다. 이 소설의 주인공은 죽음은 모든 것과의 단절이라는 사실 때문에 절망에 빠져 괴로워하다 순간적인 깨달음을 통해 절망을 벗어나 환희에 차고 평온하게 죽음을 맞이할 수 있었습니다. 만약 소설 속 주인공의 이러한 변화를 이해할 수 있다면, 이 선생의 친구도 소설 속 주인공의 죽음에 대한 순간적 깨달음과 유사한 경험을 통해 지금의 절망적 상태에서 벗어나는 것이 가능하지 않겠습니까?

이반 일리치의 죽음을 바라보는 두 가지 시선

중관   흥미로운 이야기군요. 하지만 죽음을 앞둔 소설 속 주인공의 변화가 선생님 말씀처럼 합리적으로 이해될 수 있는 일인지 의문이 드는군요. 도대체 어떤 소설을 말씀하시는 것입니까?

후평   이 선생도 이미 읽은 작품일지 모르겠습니다. 러시아의 대문호 톨스토이의 《이반 일리치의 죽음》입니다.

중관   《전쟁과 평화》, 《안나 카레니나》, 《부활》 등 톨스토이 작품 대부분을 읽었다고 생각했는데, 불행히도 그 작품은 접할 기회가 없었습니다. 톨스토이의 대표작이라고는 할 수 없을 것 같은데 도대체 어떤 작품입니까?

후평   《안나 카레니나》를 발표하고 나서 톨스토이는 자신의 예술관을 포함한 삶의 근본적인 문제에 관한 내적 고뇌를 겪었습니다. 1879년에 《안나 카레니나》를 발표하고 난 후 《참회록), 《내 종교》 같은 종교·사상적 작품들을 저술한 것을 제외하고는 십 년 동안 그는 자신의 천직이라 할 수 있는 문학과 담을 쌓고 살았습니다.

이후 1886년에 발표된 짤막한 단편소설 《이반 일리치의 죽음》은 《전쟁과 평화》 같은 장편소설은 아니지만, 죽음에 대한 톨스토이 자신의 종교적 성찰을 담은 작품으로 당시 상당한 주목을 받은 작품입니다. 투르게네프와 차이코프스키 같은 인물도 이 작품을 극찬했습니다.

1. 5

나도 개인적으로 《이반 일리치의 죽음》은 톨스토이의 종교관과 이와 결부된 죽음에 대한 나름의 깨달음을 농축시켜 표현한, 한번쯤은 반드시 읽어야 할 그의 대표작 중 하나로 여기고 있습니다.

중관 저도 얼마 전에 톨스토이 자신의 생사관과 종교관 등을 기술한 저작들인 《인생론》과 《참회록》를 읽었습니다. 그는 건전한 민중의 삶과 박애주의가 중심이 된 초기 기독교의 일종을 주장한 것으로 보입니다.

후평 톨스토이의 생사관과 종교관이 무엇인지는 내 관심사가 아닙니다. 《이반 일리치의 죽음》이라는 톨스토이의 작품을 거론하는 나의 주된 관심사는 소설 속의 주인공인 이반 일리치의 죽음에 대한 깨달음이 합리적으로 이해될 수 있는가,

unknown, 〈Leo Tolstoy at his desk〉, (c1870), Oil on canvas

즉 이반 일리치가 겪는 죽음에 대한 태도의 변화가 가능한가의 여부입니다. 따라서 나는 소설의 내용에 국한해서 이야기를 전개하기를 원합니다.

중관 이미 말씀드렸던 것처럼 저는 《이반 일리치의 죽음》을 아직 읽지 못했습니다. 선생님의 말씀을 이해하기 위해서는 줄거리와 설명이 필요합니다.

후평 이해한 대로 소설의 내용을 요약해보겠습니다. 소설 속의 주인공 이반 일리치는 이 선생의 친구처럼 불치의 병을 앓기 전까지는 세속적인 기준으로 볼 때 매우 성공적인 삶을 영위한 사람입니다. 높은 관직에 오른 출세한 관리의 둘째 아들로 태어나, 판사와 검사 등을 배출하는 법률 학교를 졸업하고, 러시아의 한 지방에서 법률을 담당하는 관리로 살아갑니다. 타고난 총명함과 순종적인 성격 때문인지 그는 자신에게 맡겨진 업무를 엄격하고 성실하게 수행하였고, 도박이나 사교적인 모임 등 세속적인 즐거움도 추구하였으나, 결코 자신보다 높은 지위에 있는 사람이나 상류사회에서 인정하는 틀을 벗어나는 일이 없었습니다. 이러한 태도와 사회생활이 인정을 받았는지 이반 일리치는 승승장구하여, 병에 걸리기 직전에는 주위 사람 누구나 부러워할 지위를 얻습니다.
　　가정적으로도 그는 행운아였습니다. 귀족 출신으로

외모와 부를 겸비한 여성과 연애결혼을 하여 아들과 딸을 하나씩 두었습니다. 딸은 촉망받는 예심판사와 결혼을 앞두었으며 아들은 중학교에 다니고 있었습니다. 부인과 몇 번의 갈등을 겪기도 했으나 허영심과 체면을 중시하는 성품은 그가 죽기 전까지 17년 동안 비교적 원만한 결혼생활을 유지할 수 있게 했습니다.

이처럼 누구나 부러워할 성공적인 삶을 살았지만, 그는 전형적으로 속물 근성을 가진 사람이었습니다. 이렇다 할 종교나 사상, 이상도 없었던 그의 모든 관심은 자신의 사회적 지위나 경제적 풍요, 명예 등 개인적인 것에 국한되어있었습니다.

이반 일리치의 불행은 교묘하게도 가장 행복한 순간에 시작되었습니다. 자신이 원했던 수입이 보장되는 높은 지위에 발령을 받게 된 그는 새 부임지에 자신과 가족이 살 저택을 장만하여, 이 저택을 호사스럽게 꾸미는 데 즐거움을 느끼고 있었습니다. 그러던 어느 날 그는 사다리에서 떨어져서 옆구리에 타박상을 입습니다. 처음에는 대단치 않던 옆구리 타박상에 의해 시작된 통증이 날이 갈수록 심해졌고 의사의 지시에 따라 섭생을 하고 약을 먹기 시작했습니다. 의사의 지시를 충실히 따랐음에도 증상이 완화되기는커녕 더 심해지자 주위 사람에 대한 그의 행동은 갈수록 거칠어지고 광적인 모습을 보이게 됩니다. 겉으로 드러내지는 않았지만 아내조차 그가 벌어오는 수입만 아니라면, 그가 빨리 죽는 것이 좋겠다고 생각하기에 이릅니다.

몇 달 후 상황이 악화되어 자신이 죽어가고 있음을 인정할 수밖에 없게 된 이반은 이 선생의 친구처럼 절망적인 상태에 빠집니다. 계속되는 통증과 자신에게 닥칠 죽음은 자신이 소유한 모든 것을 앗아가고 세상과 자신을 영원히 단절시킬 것이라는 절망감 속에서 그는 자신이 얻고자 노력했던 부와 명예, 사회적 지위는 물론, 아내와 가족을 포함한 자신이 관심을 가지고 사랑했던 모든 것이 헛되고 부질없다고 느끼게 됩니다.

이즈음 예민하고 광적인 태도를 보이는 그를 대하는 주위 사람들의 행동은 가식적이었습니다. 그의 안부를 걱정하는 것처럼 행동하는 동료들의 주된 관심사는 그가 죽고 난 후 누가 그의 자리를 차지할 것인가였고, 치료를 담당한 의사들은 그가 곧 죽을 것이라는 사실을 알면서도 그에게 헛된 희망을 주며 쓸모없는 치료를 계속했습니다. 허위에 가득 찬 행동은 그의 가족들도 마찬가지였습니다. 면전에서 다정한 얼굴로 그의 건강을 걱정하는 딸의 주된 관심사는 약혼자와 꾸려나갈 행복한 결혼생활이었고, 희망을 잃지 말라며 간호하고 진심으로 걱정하던 아내 역시 남편의 죽음 이후 자신의 삶이 어떻게 변할까에 더 관심이 많았습니다.

견디기 힘든 통증과 절망감 속에서 결국 그는 자신을

대하는 주위 사람들의 태도가 허위로 가득 찬 가식적인 행동에 불과하다는 것을 감지하고 이들을 미워하게 됩니다.

죽어가는 그를 대하는 사람들의 행동은 허위로 가득 찬 가식적인 것이었지만, 젊은 하인 게라심만은 예외였습니다. 농부 출신의 젊고 활기찬 젊은이 게라심은 이반이 죽어가고 있으며 곧 죽을 것이라는 사실을 숨기지 않았고, 언젠가는 자신에게도 닥칠 죽음의 고통 때문에 괴로워하는 그를 순수한 감정으로 보살펴주었습니다. 고통 때문에 아편에 의지해야 할 정도로 악화된 병세와 허위로 가득찬 주위 사람들에 대한 증오, 죽음에 대한 두려움 속에서 게라심이 보여주는 죽어가는 자에 대한 순수한 연민과 이타적이고 자기희생적인 행동은 그에게 유일한 위안이었습니다. 그리고 참을 수 없는 고통과 자신에게 곧 닥칠 죽음에 대한 공포에 속에서도 이기적이고 개인적인 것만을 추구했던 자신의 삶이 무의미하며 잘못되었음을 느끼게 됩니다. 죽기 사흘 전부터 그는 자신의 지금까지의 삶에 대한 후회와 형언할 수 없는 통증 그리고 죽음의 공포로 두 손을 마구 흔들며 고함을 치는 등 광적인 행동을 시작합니다.

죽음의 공포로부터 그를 해방시킨 깨달음을 죽기 2시간 전쯤 얻게 됩니다. 빈사 상태에 빠져있던 그는 누군가 자신의 손에 입을 맞추고 있다는 느낌을 받고 눈을 떴는데, 중학생인 아들이 자신의 손에 입을 맞추며 울고 있었습니다.

죽어가는 아버지를 애처롭게 여기는 진심에서 우러나온 행동으로 그에게 비쳐졌습니다. 옆에는 그의 아내가 흐르는 눈물을 닦을 생각도 하지 않고 자신을 지켜보고 있었습니다. 갑자기 이들이 가엽고 불쌍한 사람들이며 자신이 살아있으면서 이들을 괴롭히고 있다는 생각이 떠오릅니다. 이제 그는 자신의 죽음이 이들의 괴로움을 덜어주는 것이라 생각하는 순간, 깨달음을 얻고 지금까지 그를 괴롭혔던 죽음의 공포에서 벗어날 수 있었습니다. 이때 그는 누군가 그의 머리 위에서 "끝났다"라고 말을 하는 것을 듣게 되고 그는 마음속으로 '이제 죽음은 없다' 라고 말하게 됩니다.

중관　죽음에 대해 본격적으로 다룬 작품이군요. 독서할 상황이 될지 모르지만 제 친구에게도 권해보겠습니다. 그런데 제가 둔감한 탓이겠지만 선생님께서는 이반 일리치가 깨달음을 얻고 죽음의 공포에서 벗어날 수 있었다고만 말씀하실 뿐, 정확히 그 깨달음의 내용이 무엇이고, 그 깨달음이 어떻게 죽음의 공포로부터 벗어나는 데 도움을 줄 수 있는지에 대해서는 언급하지 않으셨습니다.

후평　톨스토이의 원래 의도를 왜곡하는 일이 될지 모르지만 나름대로 죽음을 앞둔 이반 일리치의 깨달음의 내용을 짚어보겠습니다.

우선 그는 죽음에 직면해서야 죽음이 사회적 지위와 부와 명예 등 개인적으로 관심을 가지고 추구했던 모든 것을 앗아갈 것이므로 자신만을 위해 살아온 자신의 삶이 허위이고 무의미하고 잘못된 것이라고 자각하게 되었습니다. 또한 자신이 가진 모든 것을 앗아갈 죽음에 무기력할 수밖에 없다는 사실이 그를 절망으로 이끌었다고 할 수 있습니다. 죽음은 모든 것과의 단절이므로 부와 명예 같이 자신이 누리는 개인적인 것에 대한 집착은 그를 죽음의 공포와 두려움에서 벗어나게 할 수 없다는 것을 자각하며, 그는 혼란과 절망 속에서 이러한 죽음의 공포로부터 벗어날 수 있는 방법을 간구했고, 게라심이 단초를 제공한 것으로 보입니다. 게라심은 인간이면 누구나 이반처럼 죽음을 맞게 될 것이라는 사실을 담담히 받아들였고, 순수한 연민의 정으로 자신을 희생하며 돌보는 모습을 보였습니다.

　　아마도 톨스토이는 게라심을 통해 개인적인 차원을 넘어선 순수한 연민으로서의 박애주의를 주장한 것으로 보입니다. 죽기 직전 이반도 게라심의 모습을 보입니다. 그는 언젠가 자신과 똑같은 입장에 처하게 될 아들과 아내를 보며 연민의 정을 느끼고 자신이 죽는 것이 이들을 돕는 것이라고 생각합니다.

중관　선생님의 말씀은 인간은 개인적인 행복을 추구하는 삶을 포기하고 다른 사람을 사랑하는 이타적인 삶을 살아야만 죽음의 공포로부터 해방될 수 있다는 주장처럼 들립니다.

후평   글쎄요. 이타적인 삶이 개인적인 행복을 줄 수도 있지 않을까요? 나도 개인적인 차원을 완전히 초월한, 순수한 이타적인 사랑이 가능한가에 대해서는 의문입니다. 그러나 톨스토이의 소설 《이반 일리치의 죽음》은 죽음과 관련해 한 가지 중요한 점을 시사하고 있습니다. 죽음은 인간이 생존하는 동안 누릴 수 있는 모든 것을 앗아갈 것이고, 이것들에 집착하는 한 인간은 죽음의 공포로부터 벗어날 수 없습니다. 따라서 한 개인이 자신이 생존하는 동안에 누릴 수 있는 것들에 대한 집착에서 벗어나 초개인적이고 보편적인 것에 관심을 기울이기 위해 노력한다면, 죽음의 공포로부터 자유로울 수 있습니다.

　　실제로 순직한 성직자나 안중근 의사나 윤봉길 의사 같은 독립투사의 예에서 볼 수 있듯이, 죽음의 공포를 극복하고 죽음에 의연하게 대처한 경우가 많습니다. 윤봉길 의사는 자신의 행위의 결과로 죽을 것이라는 사실을 알고 있었습니다. 아마도 그의 민족에 대한 사랑과 자주독립을 희구하는 마음이 자신이 생존하면서 누릴 수 있는 것들에 대한 관심을 초월하여 자신의 죽음에 의연하게 대처하게 할 수 있게 했을 것입니다.

중관　중동에서 자주 발생하는 자살 폭탄 테러의 경우에도 자살 테러범들은 자신의 육체가 산산조각이 날 줄 알면서도 죽음을 두려워하지 않고 의연하게 테러를 자행합니다. 이 경우 알라의 영광을 외치며 이슬람 민족을 위한다는 명목으로 무고한 인명을 살상하고 있습니다.

후평　개인적인 관심사를 초월한 초개인적이고 보편적인 관심사의 내용이 이치에 맞고 바람직한 것인가의 여부는 내 관심사가 아닙니다. 핵심은 살아있는 동안 누릴 수 있는 것을 초월한 보편적이고 이타적인 관심사가 개인적인 관심사를 초월할 경우 죽음의 공포에서 벗어난 의연한 죽음을 가능하게 할 수 있으리라는 점입니다.

　　다시 이반 일리치의 이야기로 돌아가봅시다. 죽기 직전에 그는 자신의 죽음을 기정사실로 받아들이고 죽음이 자신의 모든 것을 앗아갈 것이므로, 삶과 소유에 대한 집착이 무의미하며 이 상태를 극복할 어떠한 수단도 자신에게 주어져있지 않다는 사실을 명확하게 깨달았다고 가정합시다. 죽음을 앞둔 상황에서 무의미한 삶의 집착이 사랑하는 자신의 아들이나 아내를 괴롭히고 있다고 느끼고, 차라리 죽는 게 낫다고 판단하는 것이 가능하지 않을까요?

중관　그가 죽으면 사랑했던 사람도 더 이상 존재하지 않게 될 텐데, 이들에게 초개인적이고 순수하게 이타적인 사랑을 보이는 것이 죽어가는 당사자 이반 일리치에게 무슨 의미가 있을까요?

후평　아까도 말했듯이 나는 개인적인 차원을 초월한 순수하고 이타적인 무조건적 사랑이 합리적으로 이해될 수 있고 가능한지에 대해서는 의문입니다. 그러나 잘 알다시피 기독교와 불교 같은 대표적인 종교에서는 무조건적인 이타적 사랑을 주장하고 있습니다. 기독교에서는 사람들에 대한 절대적인 사랑을 주장하고, 심지어 불교에서는 인간을 포함한 모든 생명이 있는 것들에 대한 사랑을 주장합니다. 또한 앞서 이야기했던 톨스토이도 인류에 대한 초개인적이고 이타적인 무조건적 사랑을 주장한 것으로 보입니다.

　따라서 당신이나 나 같은 평범한 인간은 자명한 깨달음이 아닐지라도 이타적인 사랑의 중요성을 확신하고 이에 따라 행동하려 노력합니다. 이 경우 개인적인 이익과 관심사만을 추구하여 얻은 모든 것이 죽음 앞에서는 허위에 불과하다는 사실을 깨닫는다면, 죽음의 공포와 두려움을 극복하는 것도 가능합니다.

중관　저는 아직도 이반 일리치가 깨달음을 통해 죽음의 공포를 벗어날 수 있었다는 것이 합리적으로 이해될 수 있는가에 대해 부정적입니다. 저 같은 평범한 인간은 치통이나 손가락을 베인 것 같은 육체적 통증을 겪을 경우 그 고통을 해소하는 것이 가장 시급하게 처리해야 할 현안으로 떠올라 다른 일체의 생각을 압도할 것입니다. 개인적인 것에만 관심을 가진 속물이었던 이반 일리치가 엄청난 육체적 고통에 시달리고 있습니다. 이런 사람이 현재 자신을 괴롭히는 현안인 육체적 고통을 무시하고 순수하게 이타적인 연민의 정을 느낄 수 있겠습니까?

Henry Wallis, 〈The Death of Chatterton〉(1856), Oil on mahogany panel
173 × 252.5mm, Birmingham Museum and Art Gallery.

후평　이 선생의 말에 동의할 수밖에 없군요. 어차피 인간의 행동은 이지적인 깨달음보다는 감성적이고 본능적인 것에 더 영향을 받을 테니까요. 이타적인 사랑을 통해 죽음의 공포로 부터 벗어나기 위해서는 최소한 본능에 충실한 육체가 어느 정도 익숙해질 때까지 평상시 이타적인 행동을 생활화해야 할 것 같습니다.

　　박애주의를 실천하고자 노력했던 톨스토이는 원고료 문제로 부인과 갈등을 빚다가 시골의 조그만 역에서 비참한 최후를 맞습니다. 얼마 전에 돌아가신 김수환 추기경도 자신의 머리에 있는 사랑을 가슴까지 끌어내리는 데 수십 년이 걸렸다고 토로하셨습니다.

　　얼마 전 불교계에서 '돈오돈수頓悟頓修'와 '돈오점수頓悟漸修'를 주제로 논쟁을 벌인 일이 있습니다. 나는 개인적으로 만약 돈오돈수가 옳다면 여기서의 깨달음은 논리적이고 이지적인 차가운 깨달음이 아니라 몸의 깨달음, 신각身覺이어야 할 것이라 생각합니다.

1. 6

1. 7

1. 1 죽음학의 대가로 알려진 엘리자베스 퀴블러-로스Elisabeth Kübler-
Ross(1926~2004)는 1963년 미국에서 정신의학Psychiatry 학위를 취
득한 후 죽음에 관련된 교육과 저술 활동, 죽음을 앞둔 사람을
위한 봉사 활동으로 일생을 보냈다. 죽음과 관련된 저술을 많이
남겼는데, 그중 대표작으로 《죽음과 죽어감On Death and Dying》
(1969)과 《생의 수레바퀴The Wheel of Life》(1997) 등을 들 수 있다.
《죽음과 죽어감On Death and Dying》에서 그녀는 죽어가는 사람의
심리 상태를 부정·분노·타협·우울·순응의 다섯 단계로 나누어
설명하는데, 이를 '퀴블러-로스 모델'이라 부른다.

첫 번째 부정의 단계는 자신이 죽으리라는 것을 알게 된 사
람이 보이는 첫 반응으로 자신이 죽는다는 사실을 부인하고 주
위로부터 고립되는 단계다. 두 번째 분노의 단계는 가까운 사람
을 포함한 주위에 분노와 원망의 감정을 드러낸다. 세 번째 타
협의 단계는 자신의 죽음을 받아들인 상태에서 신과 같은 초월
자에 기대어 수명 연장의 방법 등을 구하는 단계다. 네 번째 우
울의 단계는 곧 죽음을 맞이할 자신의 운명을 받아들여서 우울

한 상태에 빠지는 것이고, 끝으로 순응의 단계는 자신의 운명에 순응하며 죽음을 맞이한다.

훗날 퀴블러-로스는 이 다섯 가지 외에도 희망의 단계를 추가하기도 했다. 또 어떤 죽음학 학자는 죽음에 이르는 과정을 9단계로 나누어 설명하기도 한다. 그러나 퀴블러-로스 모델에 의한 분류는 죽어가는 사람의 심리적 반응에 대한 치밀한 관찰에 의한 과학적 고찰인 반면, 이러한 시도들은 영생이나 천국 같은 종교적 믿음이나 검증될 수 없는 비과학적 믿음이 추가된 분류라고 할 수 있다.

1. 2 죽음학Thanatology은 죽음을 뜻하는 희랍어 'Thanatos'에서 그 어원을 찾을 수 있는데, 주로 인간의 죽음을 연구하는 학문이다. 죽음학은 죽어가는 사람과 가족처럼 죽어가는 사람을 아끼는 사람들이 느끼는 정신적 고통이나 슬픔을 완화시키기 위한 목적의 연구 분야로서 학제간 연구 형태로 이루어진다. 심리학·사회학·정신의학·사회사업학 등이 죽음학 연구에 참여하는 대표적 학문 분야다.

현대 죽음학의 대표적 연구 저서는 헤르만 파이펠Herman Feifel의 《죽음의 의미The Meaning of Death》(1969)와 퀴블러-로스의 《죽음과 죽어감On Death and Dying》을 들 수 있다. 죽음학은 성격상 죽어가는 사람과 그 가족을 보살피는 호스피스hospice 활동 같은 실용적 측면이 강하다. 그러나 최근에는 죽음학을 연구한다고 자처하는 일부 학자들이 빙의 현상이나 사후 세계 따위를 다루는 등 비과학적이고 신비적인 요소를 가미하여 변질되고 있음을 발견할 수 있다.

1. 3 "전제들이 모두 참이고, 동시에 결론이 거짓일 가능성은 없다."

타당한 논증이다. 타당한 논증은 전제가 모두 참이고 결론이 거짓일 가능성이 없는 논증이므로, 전제들이 참이면 결론도 반드시 참이어야 한다. 따라서 한 논증이 타당하다는 것은 전제들의 참이 결론의 참을 보증해주는 것이라 할 수 있다. 논리적(연역 논리)으로 좋은 논증을 판단하는 기준인 '타당성'은 컴퓨터에 비유해 설명할 수 있다. 제 기능을 하는 컴퓨터에 참인 정보들을 입력하면 반드시 참인 결론을 계산해내기 때문이다.

모든 사람은 죽는다.
소크라테스는 사람이다.
_____

소크라테스는 죽는다.

1. 3에서 거론된 앞의 논증은 아마도 타당한 연역 삼단논증의 예로 가장 자주 언급된다. 첫 번째 전제에 따르면 모든 사람은 죽는 것들의 집합 속에 포함되어있고, 두 번째 전제에 따르면 소크라테스는 사람의 집합 속에 포함되어있으므로, 소크라테스는 죽는 것들의 집합에 포함되어야 한다. 따라서 전제들을 참이라 가정하면 결론도 참일 수밖에 없다. 그런데 전제들은 모두 실제로 참인 명제이고, 따라서 결론인 '소크라테스는 죽는다'도 실제로 참인 명제다.

《이반 일리치의 죽음》에서 톨스토이도 내용상 동일한 논증을 사용한다.

옛날에 키제베테르의 논리학에서 배운 삼단논법의 한 예 — 카이우스는 인간이다. 인간은 죽는 것이다. 그러므로 카이우스는 죽는 것이라는 명제 — 는 그에게는 여태까지 카이우스에게 관한 한 올바른 것으로 여겨지고 있었다. 그러나 그에게는 전연 관계가 없는 것이었다. 그것은 카이우스라는 인간, 일반적으로 인간의 문제였으므로 따라서 완전히 정당했었지만, 그러나 그는 카이우스도 아니고 일반적으로 인간도 아니며 언제나 완전히 다른 모든 것과는 전혀 다른 존재였다. 그는 바냐였다. 엄마, 아빠 미짜와 볼로쟈, 장난감, 어자, 유모, 그리고 까쩨니까, 그밖에 유년 시절과 소년 시절과 청년 시절의 온갖 기쁨과 슬픔과 감격에 찬 바냐였다. 그래 카이우스에게, 바냐가 옛날에 그처럼 좋아했던 줄무늬 가죽공의 그 냄새가 있었을까? 그래 카이우스가 그처럼 어머니의 손에 입을 맞추고 어머니 옷의 옷자락의 비단이 그처럼 카이우스에게 바스락거렸던 것일까? 그래 그는 법률학교에서 고기만두 때문에 난동을 부렸던 것일까, 그래 카이우스가 그처럼 사랑을 했던 것일까? 그래 카이우스가 그처럼 회의를 이끌 수 있었던 것일까?

카이우스는 바로 죽어야 할 자이다. 그가 죽는 것은 당연하다. 그러나 자기, 바냐, 이반 일리치에게는 모든 감정과 사상을 가지고 있는 자기에게는 그것은 딴 문제이다. 따라서 자기가 죽어야 할 리는 없다. 그것은 너무나 무서운 일이다.

–《이반 일리치의 죽음》에서 인용

1.4 당唐 시대 삼장법사三藏法師 의정義淨이 한역漢譯한 《불설비유경佛說譬喩經》에 나오는 이야기로 부처님이 승광왕勝光王에게 불교의 가장 기본적인 교리를 비유를 통해 설명한 설법 내용이다. 톨스토이는 저서 《참회록》에서 죽음의 공포를 경험했던 자신의 심경을 나타내는 한 방편으로 《불설비유경》에 나오는 이 이야기를 인용했다.

이와 같이 나는 들었다. 어느 때 바가바婆伽婆(석가모니의 높임말)께서는 실라벌성室羅伐城의 서다림逝多林 기수급고독원에 계셨다. 이때에 세존께서는 대중 가운데서 승광왕에게 말씀하셨다.

"대왕이여, 나는 지금 대왕을 위하여 간단히 한 가지 비유로써 생사의 맛과 그 근심스러움을 말하리니, 왕은 지금 자세히 잘 듣고 잘 기억하시오. 한량없이 먼 겁 전에 어떤 사람이 광야에 놀다가 사나운 코끼리에게 쫓겨 황급히 달아나면서 의지할 데가 없었소. 그러다가 그는 어떤 우물이 있고 그 곁에 나무뿌리 하나가 있는 것을 보았소. 그는 곧 그 나무뿌리를 잡고 내려가 우물 속에 몸을 숨기고 있었소.

그때 마침 검은 쥐와 흰 쥐 두 마리가 그 나무뿌리를 번갈아 갉고 있었고, 그 우물 사방에는 네 마리 독사가 그를 물려하였으며, 우물 밑에는 독룡毒龍이 있었소. 그는 그 독사가 몹시 두려웠고 나무뿌리가 끊어질까 걱정이었소. 그런데 그 나무에는 벌꿀이 있어서 다섯 방울씩 입에 떨어지고 나무가 흔들리자 벌이 흩어져 내려와 그를 쏘았으며, 또 들에서는 불이 일어나 그 나무를 태우고 있었소."

왕은 말하였다.

"그 사람은 어떻게 한량없는 고통을 받으면서 그 보잘것없는 맛을 탐할 수 있었겠습니까?"

그때에 세존께서는 말씀하셨다.

"대왕이여, 그 광야란 끝없는 무명無明의 긴 밤에 비유한 것이요, 그 사람은 중생에 비유한 것이며, 코끼리는 무상無常에 비유한 것이요, 우물은 생사에 비유한 것이며, 그 험한 언덕의 나무뿌리는 목숨에 비유한 것이요, 검은 쥐와 흰 쥐 두 마리는 밤과 낮에 비유한 것이며, 나무뿌리를 갉는 것은 찰나 찰나로 목숨이 줄어드는 데 비유한 것이요, 네 마리 독사는 4대大에 비유한 것이며, 벌꿀은 5욕慾에 비유한 것이요, 벌은 삿된 소견에 비유한 것이며, 불은 늙음과 병에 비유한 것이요, 독룡은 죽음에 비유한 것이오. 그러므로 대왕은 알아야 하오. 생로병사는 참으로 두려워해야 할 것이니, 언제나 그것을 명심하고 5욕에 사로잡히지 않아야 하오."

그리고 세존께서는 다시 다음 게송偈頌으로 말씀하셨다.

넓은 들판은 무명의 길이요,
달리는 사람은 범부의 비유며
큰 코끼리는 무상의 비유요,
그 우물은 생사의 비유니라.

나무뿌리는 목숨의 비유요,
두 마리 쥐는 밤과 낮의 비유며
뿌리를 갉는 것은 찰나 찰나로 줄어드는 것이요,
네 마리 뱀은 네 가지 요소이다.

떨어지는 꿀은 5욕의 비유요,
벌이 쏘는 것은 삿된 생각의 비유며
그 불은 늙음과 병의 비유요,
사나운 용은 죽는 고통의 비유다.

지혜로운 사람이라면 이것을 관찰하여
생生의 재미를 곧 싫어하라.
5욕에 집착 없어야
비로소 해탈한 사람이라 하나니
무명의 바다에 편한 듯 있으면서

죽음의 왕에게 휘몰리고 있나니
소리와 빛깔을 즐기지 않으면
범부의 자리를 떠나는 줄 알라.

　그때에 승광대왕은 부처님께서 말씀하시는 생사의 근심스
러움을 듣자 일찍이 알지 못했던 일이라 생사를 아주 싫어하게
되었다. 그리하여 합장하고 공경하며 한마음으로 우러러 부처
님께 아뢰었다.

　"세존이시여, 세존께서는 큰 자비로 저를 위해 이처럼 미
묘한 법의 이치를 말씀하였사오니, 저는 지금 우러러 받들겠습
니다."

　부처님께서는 말씀하셨다.

　"장하오. 대왕이여, 그 말대로 실행하고 방일放逸하지 마시오."

1. 5　1886년에 러시아의 대문호 톨스토이가 발표한 단편소설인 《이
　　　반 일리치의 죽음》은 인간이라면 누구나 필연적으로 맞게 될 죽
　　　음과 죽음의 두려움을 극복할 수 있는 종교적 깨달음을 다룬다.
　　　　출간 당시 대단한 주목을 받았던 작품으로 투르게네프와 차
　　　이코프스키 같은 사람도 이 작품을 극찬했다. 차이코프스키는
　　　자신의 일기에서 "《이반 일리치의 죽음》을 읽었다. 나는 톨스토
　　　이야말로 일찍이 세계가 낳은 가장 위대한 예술가 가운데 한 사
　　　람이라는 것을 확신한다"고 이 작품을 읽은 소감을 적고 있다.

1. 6　조계종 종정을 지낸 성철聖哲 스님이 《선문정로禪門正路》(1987)
　　　라는 저서에서 700여 년 동안 한국 선불교의 수행 전통으로 여
　　　겨진 보조국사普照國師 지눌知訥의 '깨달음 이후에도 끊임없는
　　　수행이 필요하다'는 사상을 비판하면서 시작된 논쟁이다. 성철

스님이 주장한 돈오돈수란 "일단 깨닫고 난 후에는 수행이 필요 없다"는 입장이다. 《선문정로》에서 개진한 성철 스님의 입장은 삶과 행동이 일치된 단계의 깨달음만이 진정한 깨달음이라는 주장이라 생각된다.

1. 7 '신각'이란 깨달음과 행동이 일치된 상태를 나타내기 위해 저자가 임의로 만들어낸 용어다.

오랫동안 수행한 선사禪師들에게서 죽음의 두려움을 극복한 경우를 쉽게 발견할 수 있다. 자신을 따르는 여신도가 눈이 아름답다고 칭찬하자 자신의 눈을 빼서 여신도에게 주었다는 선사, 불교계에 가부좌한 자세로 열반에 드는 것이 유행하자 물구나무서서 해탈한 선사와 같이 죽음의 두려움을 초월한 선사들의 이야기가 선가에 전해진다.

비교적 최근에 입적한 한암漢巖 스님도 죽음의 두려움을 초월한 대표적인 선사다. 한국전쟁이 한창이던 1951년, 인민군이 오대산 내의 모든 사찰을 소각하려 했으나 상원사만은 불타지 않았다. 당시 인민군이 상원사를 소각하려 하자 당시 오대산에 머물던 한암 스님은 지휘 장교에게 잠시 기다리라 하고는 가사와 장삼을 입고 상원사 법당 내에 좌정하였다. 인민군 장교가 나올 것을 강요했으나 한암 스님은 '어서 불을 지르라'고 했고 한암 스님의 위용에 압도당한 인민군은 법당의 문짝만을 떼어 소각한 뒤 물러갔다고 한다.

영생은
바람직한 것인가

이런 점들을 감안하면 영생하는 인간이 성취하기를 원하는 일들을 포함하여
관심사들을 조화롭게 혼합하여 매 순간순간을 살아간다면
그러한 삶은 바람직하고 의미 있는 삶일 수 있을 것입니다.
개인적으로 나는 영원한 삶 속에서 매 순간 변화하는 세상의 모습을 지켜보고
앞으로 어떻게 전개될까를 생각하며 살 수 있다는 것만으로도
영생은 매력적이라 생각합니다.

중관 경치가 좋군요. 맑은 물이 흐르는 강과 녹음이 암석들을 둘러싼 산이 적절히 조화를 이루어 마치 우편엽서에 나오는 그림을 보는 것 같습니다.

후평 아마도 이곳이 부근에서 제일 좋은 경치를 감상할 수 있는 카페일 것입니다. 게다가 주인이 직접 내리는 원두커피의 맛도 일품입니다. 그래, 이 선생의 친구는 어떤 상태입니까?

중관 지난번에 선생님을 찾아뵌 며칠 후 그 친구를 찾아가서 오랜 시간은 아니지만 이야기를 나누었습니다. 과격한 행동도 보이지 않고 의사의 지시를 잘 따르는 등 어느 정도 정신적인 안정을 찾아가고 있습니다.

후평 불행 중 다행이군요. 아마 이 선생의 친구는 자신과 주변을 나름대로 정리하는 단계에 접어든 것 같습니다.

중관 글쎄요. 제가 아무 사심 없이 그를 대한다는 것을 그가 느끼고 있는지 모르겠습니다. 그런데 지난번에 선생님께서는 죽음이 모든 것과의 단절이라고 피상적으로만 생각하고 있으므로 우리는 죽는 당사자에게 죽음이 무엇을 의미하는지 또한 함축하는 것이 무엇인지를 진지하게 생각해볼 필요가 있다고 말씀하셨습니다. 또한 선생님께서는 '죽음이 죽는 당사자에게 나쁜 것인가'와 '영생이 한정된 삶보다 좋은 것인가' 하는 물음을 우리가 죽음과 관련하여 진지하게 고려해야 할 문제로 제시하셨습니다. 그러나 며칠 동안 생각해보았지만 두 가지 문제가 모두 지극히 당연한 것이라 진지하게 숙고할 필요가 없는 질문이라 생각합니다.

　　우선 '영생이 한정된 삶 보다 좋은 것인가'라는 질문에 대해 이야기해보겠습니다. 참을 수 없는 무서운 통증에 시달리는 사람과 같이 예외적인 경우가 있겠지만, 자기 삶에 어느 정도 만족하는 평범한 일상인의 경우 미래의 삶이 끔찍하지 않다면, 누구나 한정된 삶보다는 영원한 생명을 원할 것입니다. 건강하고 오래 살기 위해 보약을 포함하여 몸에 좋은 음식을 탐닉하는 것은 일반적인 현상입니다. 또한 고대부터 장수는 오복의 하나로 여겨지고 있습니다.

후평　이 선생의 말을 현재 정신적·육체적 고통에 시달리는 경우가 아니고, 경제적으로나 사회적으로 현재의 삶이 만족스럽고, 미래의 삶도 현재처럼 보장된다면 누구나 한정된 삶보다는 영생을 선호할 것이라 정리해도 되겠습니까?

중관　그렇습니다. 현재 풍요롭고 행복한 삶을 살고 있고 미래에도 그러한 삶이 보장된다면 누구나 한정된 삶보다는 영원한 삶을 택할 것입니다.

후평   그렇다면 예를 하나 들어보겠습니다. 국제적인 명성을
지닌 미모의 젊은 오페라 가수가 즐겁고 행복하게 하루하루
를 살아가고 있다고 합시다. 만약 미래에도 그녀에게 음악적
재능과 경제적 풍요는 물론 미모와 젊음을 포함하여 현재 그
녀가 누리고 있는 것이 보장된다면 이 가수는 이 선생이 주장
하는 한정된 삶보다 영원한 삶을 택할 것으로 보이는 전형적
인 경우라 생각합니다.

중관   젊음과 미모, 음악적 재능 등 현재 그녀가 행복한 삶을
누리기 위해 필요한 조건들이 미래에도 충족되어 현재와 같
은 삶을 미래에도 누릴 수 있다면 한정된 삶보다 영원한 삶을
택하는 것이 당연하지 않을까요?
       현재의 삶이 견딜 수 없을 정도로 고통스럽고 미래에
도 이러한 불행한 삶이 개선될 전망이 없는 사람과 같이 예외
적인 경우를 제외하면, 죽음은 누구에게나 회피하기를 원하
는 두려운 사건입니다. 따라서 선생님이 예로 든 미래에도
행복한 삶이 보장된 가수의 경우 영원한 삶을 택하는 것은 너
무도 당연한 일입니다.

후평   글쎄요. 그렇게 단순한 문제는 아닌 것 같습니다. 만약

그 가수가 영원히 산다면 카네기홀에서 발표회를 여는 것과 같이 현재 그녀가 원하는 모든 것을 반드시 이루지 않을까요? 그러한 일들은 그녀의 능력 범위 내에 있고 주어진 시간은 영원할 테니까요. 따라서 미래의 그녀는 무엇인가를 성취하고자 하는 욕구를 상실할 것입니다. 그녀의 능력 범위 안에 있는 그녀가 성취하고자 하는 모든 일은 이미 이루어졌거나 반드시 이루어질 테니까요.

또한 미래의 그녀는 자신의 주변에서 발생하는 일에 무관심해질 것 같습니다. 그녀가 사랑하는 사람을 포함해서 주위의 모든 사람들은 늙고 죽어갈 것입니다. 따라서 그녀는 그들과 필연적으로 헤어져야 하고, 다시 새로운 사람들과 만나야 할 것입니다. 그녀가 영원히 존재하는 한 이러한 과정은 끊임없이 계속될 것입니다. 따라서 그녀의 주변에서 발생하는 모든 사건과 정확히 유사한, 아니 본질적으로는 동일한 사건들이 끊임없이 반복해서 발생할 것입니다. 미래의 그녀에게 발생한 사건과 본질적으로 동일한 사건이 이미 발생했거나 반복해서 계속 발생한다면 그녀는 그 사건에 흥미와 관심을 잃고 무관심해질 것은 자명한 이치입니다.

결국 영생하는 미래의 그녀는 무엇인가를 성취하려는 어떠한 욕구도 갖지 못할 것이고 자신의 주변에서 발생하는 모든 일에 무관심하고 냉담해질 것으로 보입니다. 무언가를 추구할 의욕을 상실하고 모든 것에 무관심해진 그녀의 삶은 식물의 삶과 유사할 것입니다. 과연 이러한 삶이 바람직할까요?

중관 선생님의 말씀을 들으니 혼란스럽군요. 우선 이야기를 더 진행시키기 전에 영생의 여러 경우를 고려해볼 필요가 있겠습니다. 영생하는 그녀가 죽지는 않지만 늙어갈 경우와 주위 사람들이 그녀와 같이 영원한 삶을 누리는 경우 상황이 달라질 수 있지 않을까요?

후평 핵심은 동일합니다. 우선 그녀가 늙어가지만 죽지 않는 영생은 젊고 아름다운 가수에게 전혀 바람직하지 않습니다. 왜냐하면 늙고 병들고 추한 모습의 삶이 영원히 계속될 테니까요.

두 번째 경우인 그녀 주변의 사람도 영생할 경우는 상황을 주위의 사람들이 늙어가는 경우와 그렇지 않은 경우로 나눌 수 있습니다. 주위 사람들이 늙어가는 경우는 그녀에게 바람직하지 않습니다. 그녀의 삶은 병들고 늙은 사람과 끊임없이 반복되는 관계로 지속될 테니까요. 주위 사람들이 그녀처럼 늙지 않고 영생을 할 경우도 핵심적인 측면에서는 앞의 경우와 그리 다를 것 같지 않습니다. 앞에서 언급했듯이 미래의 그녀가 주변 사람들과의 관계에서 발생하는 모든 사건이 이미 발생했거나 앞으로 반복해서 일어날 사건과 본질적으로 동일한 사건일 테니까요.

2. 1 　　　사실 앞에서 예로 든 여가수는 체코의 유명한 극작가
인 카렐 차페크의 극본 《마크로풀로스 어페어》(1922)에 나오
는 주인공입니다.

중관　저는 '카렐 차페크'가 차나 차 전문점인 줄 알았습니다.

후평　흔히 그렇게 사용되고 있지만, 그는 체코가 낳은 20세
기의 대표 작가로 특히 공상과학물로 유명합니다. 《마크로풀
로스 어페어》는 오페라로 제작되기도 한 그의 대표작으로 유
명한 오페라 가수인 EM의 영생과 관련한 문제를 다루고 있습
니다. 극 중에서 'EM'은 '엘리나 마크로풀로스'의 이니셜인
데, 그녀는 '엘리아 맥그레고어Ellia MacGregor', '에밀리아 마티
Emilia Marty' 등 E와 M으로 시작되는 몇 가지 다른 이름을 사용
합니다.

　　　EM이 마흔두 살 때 궁정 의사였던 그녀의 아버지는
왕의 명령에 따라 불로장생의 영약을 발명하고 EM에게 그
약을 먹입니다. 약효의 지속기간 300년이 지나고 그녀가 계
속 살아남기 위해서는 그녀는 아버지가 발명한 영약을 다시
복용해야만 합니다.

　　　그러나 이때 EM은 끊임없이 반복되는 일상에 지쳐 모
든 것에 무관심해지고 냉담해져서 이러한 삶이 즐겁지도 흥

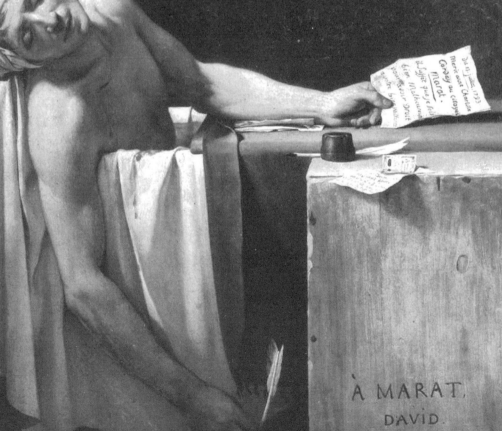

Jacques-Louis David, 〈The Death of Marat〉(1793)
Oil on canvas, 162×128cm, Musées Royaux des Beaux-Arts, Brussels

À MARAT.

DAVID.

미롭지도 않다고 느낍니다. 결국 EM은 앞으로 300년 동안 자신의 삶을 연장해 줄 불로장생의 영약 복용을 거부하고 죽어갑니다. 그리고 불로장생의 영약은 한 젊은 여성에 의해 불태워집니다.

몇 년 전 수업을 듣는 학생들을 대상으로 "자신이 EM이라면 어떤 선택을 하겠는가"를 조사한 적이 있습니다. 결과는 예상 밖이었습니다. 학생들 대부분이 EM의 선택을 선호했습니다.

중관   삶이 영원히 계속된다면, 선생님 말씀처럼 본질적으로 동일한 사건이 끊임없이 반복될 것이고, 이루어질 수 있는 일은 반복해서 이루어질 것이며, 이루어질 수 없는 일은 결코 이루어지지 않을 것입니다. 따라서 영생하는 사람들은 어떤 일을 할 욕구도 가질 수 없을 것이고, 주변에서 발생하는 어떤 일에도 무관심할 것으로 보입니다.

현재 자신이 성취하기를 원하는 일이 어차피 미래에 반복해서 무한히 발생할 일에 불과하다면, 그 일의 성취를 위한 노력은 부질없을 것입니다. 또한 외지의 방문객에게는 천상의 낙원이라 여겨지는 아름다운 섬도 그곳에서 태어나서 평생을 살아온 섬 주민에게는 감옥처럼 느껴질 수 있는 것처럼, 본질적으로 동일한 사건이 반복해서 발생한다면 그 것은 전혀 흥미를 느낄 수 없는 지루한 사건의 연속에 불과할 것입니다.

어찌 보면 이러한 삶은 무의미한 삶처럼 보입니다. 인   2.2
간은 자신을 포함하여 주변의 일들에 관심을 갖고 무엇인가
를 추구하며 의식 활동을 하는 존재로서만이 그 존재의 의의
를 가질 수 있을 테니까요. 그런데 지금 우리들이 다루는 주
제는 종교와 밀접히 관련되어있는 것 같습니다. 불사초와 같
은 영약을 구하려는 사람은 없지만, 종교를 믿는 대다수의
사람들이 천국이나 극락에서의 영생을 원할 테니까요.

시간과 개인 동일성

후평   극락에는 영생이 적용되지 않을 것 같습니다. 불교에
서 말하는 극락은 윤회의 과정 중 중생이 거치는 한 단계에
불과하니까요. EM의 이야기는 천국이 어떠해야 할 것인가에
대해 시사하는 바가 있는 것 같습니다. 육체의 죽음 후 천국
에서의 삶이 EM의 미래의 삶처럼 무의미하다면 EM과 같은
사람은 영생을 원치 않을 테니까요.

천국에 대해 서술한 기록들에 따르면 천국은 금을 비   2.3
롯한 각종 보석으로 치장된 지극히 아름다운 곳으로 그곳에
서는 파괴와 죽음이 없고 원하는 바가 노력 없이 이루어진다
고 묘사되고 있습니다. 그러나 이러한 곳에서의 삶은 앞에서

이야기했듯이 그리 바람직하지 않을 것 같습니다.

중관　그렇다면 만약 천국이 실제로 존재하고 선생님에게 죽어서 천국에 갈 것이냐를 선택할 권리가 주어진다면, 선생님께서는 천국에 가기를 포기하겠군요. EM의 경우처럼 만약 선생님에게 불로장생의 영약을 마실 기회가 있다면, 선생님께서는 어떠한 결정을 하시겠습니까?

후평　나 같으면 EM과 반대의 결정을 할 것입니다. 건강을 위해 비싼 돈을 들여 보약도 먹는데, 왜 건강하고 젊게 영원히 살 수 있는 기회를 포기하겠습니까?

중관　불로장생의 영약을 마시겠다는 선생님의 말씀은 지금까지 전개한 영생에 대한 선생님의 말씀과 일치하지 않는 것 같습니다. 선생님께서는 영생은 영생하는 당사자가 새로운 것을 추구할 욕구를 상실하게 하고, 주위에서 발생하는 일들에 무관심하게 만들어 영생하는 사람의 삶은 식물의 삶과 유사할 것이라 말씀하셨습니다. 혹시 연금술사인 EM의 아버지가 발명한 영약이 단지 300년이라는 한정된 삶을 보장한다는 사실 때문에 그러한 선택을 하실 것이라 말씀하신 건가요?

후평　아닙니다. 그 영약이 영원한 삶을 보장할 경우에도 나는 그 약을 주저 없이 마실 것입니다. 우리는 EM과 같이 영생하는 인간에 대해 암묵적인 가정을 하고 있는 셈인데 그 가정은 잘못된 가정입니다.

중관　무슨 말씀인지 이해가 되지 않습니다.

후평　영생을 논할 때 우리는 영생하는 인간은 성취하고자 하는 일, 관심사, 성향과 성격 등 한 사람을 규정짓는 심리 상태가 근본적으로는 변하지 않고 그 상태로 유지될 것이라 가정하고 있던 셈입니다. 또한 우리는 영생하는 인간은 자신이 행한 일과 자신의 주변에서 발생한 일을 모두 기억하고 자신이 영원히 살 것이라는 사실을 확실히 인지하고 있다고 가정하고 있었던 것입니다. 이러한 가정 없이는 영생하는 사람의 삶은 식물의 삶과 유사할 것이고 영생하는 당사자에게 무의미할 것이라는 결론이 추론되지 않을 것입니다.
　　그러나 이러한 가정들은 잘못된 것입니다. 달성하고자 하는 목표나 관심사, 성격 등 심리 상태가 극단적으로 변화한 경우를 우리는 주위에서 흔히 볼 수 있습니다. 이전의 심리 상태가 영향을 끼치겠지만, 어찌 보면 인간의 심리 상태는 저 흐르는 강물처럼 끊임없이 변한다고 할 수 있습니다. 여자 피겨스케이팅의 세계선수권자인 김연아 양이 몇 년

후에 다이어트를 목적으로 권투를 배우다 이에 흥미와 재능을 보여 여자 프로권투 챔피언이 되겠다는 목표를 세우는 것도 가능한 일입니다.

자 이제 한 영생하는 인간의 원하는 일과 관심사, 성향 등 심리 상태가 근본적으로 변했다 합시다. 이 사람의 경우 열정을 가지고 새로운 목표를 향해 매진할 수 있을 것이고, 반복해서 발생하는 근본적으로 동일한 사건들에도 관심을 가질 수 있을 것입니다. 심리 상태가 바뀐 그에게는 근본적으로 동일한 사건도 다른 모습으로 다가올 테니까요.

2. 4   중관   조금 전에 선생님께서는 성취하고자 하는 목표와 관심사, 성향 등이 한 인간을 그 인간으로 규정짓는 근본적 심리 상태라고 하셨습니다. 그런데 만약 이러한 심리 상태가 근본적으로 변했다면 그 인간을 이전과 동일한 인간이라 할 수 있겠습니까?

후평   심리 상태가 근본적으로 변한 경우 동일한 사람이라고 하는 데 의문을 제기하는 철학자도 있습니다. 그러나 개인적으로 나는 철학 이론이든 무엇이든 일반적으로 받아들여지는 상식이나 객관적인 현실을 무시해서는 안 될 것이라 생각합니다. 이전과 극단적으로 다른 심리 상태를 소유하고 있는 경우에도 이전의 심리 상태에 연결되어있고 그 결과로 나타난 결과인 한 심리 상태가 극단적으로 변한 사람도 이전의 사람과 동일한 사람이라는 것을 누구도 부정하지 못할 것입니다. 어려서 양순했던 소년이 커서 극악무도한 살인자로 변했어도 그는 양순했던 소년과 동일한 사람입니다.

이 문제는 시공 속에서 끊임없이 변하는 인간을 어떻게 동일한 한 인간이라 할 수 있는가 하는 개인 동일성과 연관된 문제입니다. 어떤 개인 동일성의 이론이든 심리 상태가 극단적으로 변한 경우 동일한 인간이 아닐 것이라 주장하는 이론은 옳은 이론이 아닐 것입니다.

중관　영생으로 심리 상태가 극단적으로 변한 사람의 경우, 처음에는 새로운 목표를 성취하기 위해 노력할 것이고 주변에서 벌어지는 일에도 새로운 관심을 보일 것으로 생각됩니다. 그러나 그는 영생을 보장받은 사람입니다. 그의 새로운 목표는 그의 능력 범위 내에 있는 한 언젠가 이루어질 것이고 그렇지 않으면 이루어지지 않을 것입니다. 또한 새로이 관심을 갖게 된 주변의 사건도 근본적으로 동일한 사건이 끊임없이 발생할 것이므로 결국 그는 EM과 마찬가지로 무언가를 추구할 의욕을 잃고 모든 일에 무관심해지지 않을까요?

후평　우리가 이곳 카페에서 보고 있는 강은 북한강입니다. 외관상 동일한 강으로 보이지만, 강을 구성하는 핵심 요소인 강물은 끊임없이 변하고 있습니다. 우리들 인간은 잡다한 일들을 겪으며 하루하루를 살아가고 있습니다. 그리고 그 결과 우리의 심리 상태도 북한강을 구성하는 강물처럼 끊임없이 변하고 있습니다. 따라서 우리가 성취하고자 원하는 것이나 관심사도 끊임없이 변할 수 있습니다.

또한 영생하는 인간은 자신의 삶이 영원하리라고 아는 것은 불가능합니다. 영원히 살지라도 그는 우리처럼 순간순간을 살아야 하므로, 자신의 영생에 대해 확신할 수 있을지는 몰라도, 그가 존재하는 그 순간에 자신의 영생을 알고 있다고는 할 수 없을 것입니다. 따라서 그가 현존하는 그 순간에 자신이 가진 관심사나 성취하고자 하는 일이 그의 당면 과제입니다. 그리고 만약 영생하는 사람이 어떤 순간에 성취하고자 욕구하는 일이 있다면, 그는 그 일의 성취를 갈구하며 노력할 것입니다.

더구나 인간은 망각의 동물입니다. 인간은 과거의 일을 기억하는 능력이 있지만, 잊어버리는 능력도 가지고 태어납니다. 인상이 깊었던 과거의 일에 대한 기억도 세월이 지남에 따라 내용이 퇴색되고 결국에는 뇌리에서 사라질 수 있습니다. 따라서 영생하는 인간에게 본질적으로 동일한 사건이 연속해서 발생할지라도 그 사건에 대한 기억이 퇴색되거나 망각되었을 경우 당사자에게 그 사건은 관심을 가질만한 새로운 사건으로 보일 수 있을 것입니다.

Francisco José de Goya y Lucientes, 〈Saturno devorando a su hijo〉(1819~1823)
Oil on canvas, 146×83cm, Museo Nacional del Prado, Madrid

나 정도 나이든 사람이 중학교나 고등학교 동창을 만나면, 같은 술집에서 익숙한 안주를 앞에 놓고 만날 때마다 학창 시절 이야기를 반복해서 나누다 얼큰히 취해서 헤어지게 되는 경우가 대부분일 것입니다. 같은 동창과의 계속되는 만남은 근본적으로 동일한 사건으로 간주될 수 있을 것입니다. 그러나 그 동창들과의 만남이 너무 자주 발생하지 않는다면 지루하고 무관심할 수밖에 없는 사건이 아니라 즐겁고 의미 있는 사건일 수 있습니다.

2. 5 　　　이런 점을 감안하면 영생하는 인간이 성취하기를 원하는 일들을 포함하여 관심사를 조화롭게 혼합하여 매 순간 순간을 살아간다면 그러한 삶은 바람직하고 의미 있는 삶일 수 있을 것입니다. 개인적으로 나는 영원한 삶 속에서 매 순

2. 6 간 변화하는 세상의 모습을 지켜보고 앞으로 어떻게 전개될까를 생각하며 살 수 있다는 것만으로도 영생은 매력적이라 생각합니다.

중관　오늘의 대화는 결국 원점으로 돌아온 느낌입니다. 처음에 저는 영생을 옹호하는 입장이었고, 선생님은 그 반대의 입장이셨습니다. 그러나 지금 선생님께서는 영원한 삶에 대해 긍정적인 태도를 보이고 계십니다.

후평　피상적으로 볼 때 이 선생의 말이 옳습니다. 그러나 처

음에 내가 의문시했던 영생의 모습은 EM의 경우처럼 현실에서 원하는 것들이 성취되고 세상사에 무관심하게 되어 식물과 같은 삶을 유지하는 영원한 삶이었습니다. 많은 종교인은 물질적 풍요처럼 현실에서 갈구하던 것이 해결되고 바라는 것이 이루어지는 세계로, 천국과 같은, 영생하는 사람들이 사는 세계를 묘사하고 있습니다. 자신의 종교를 믿지 않으면 천국이 아닌 지옥에 떨어져 영원히 고통을 겪을 것이라고 선량한 사람을 협박하는 것도 드물지 않게 볼 수 있는 일부 제도권 종교인의 작태입니다.

내가 문제시했던 영생은 일부 종교인의 이러한 영생 **2. 7**
관입니다. 흔히 신은 "전지전능한 완전자"라고 불리어집니다. 그러나 나에게는 "전지전능"과 "완전자"라는 개념은 이해할 수 없는 개념입니다. 도대체 구체적인 맥락과 상대적인 의미를 벗어나 '완전하다'는 말이 어떤 의미를 가질 수 있겠습니까? 또한 한 존재가 모든 것을 알고 모든 것을 할 능력이 있다면, 그는 무엇인가를 할 필요도 이유도 없을 것입니다.

이 선생의 말처럼 원점으로 돌아온 우리의 대화는 우리의 삶과 영원한 삶의 모습이 어떠해야 할지에 대해 시사하는 바가 있다고 봅니다. 영생하는 사람이나 현재 이곳에서 대화를 나누고 있는 우리들은 모두 한 순간, 순간을 살아가야 하는 존재일 테니까요. 내가 바라는 영생의 모습은 왕성한 의식 활동을 할 수 있고, 그 결과로 의식의 범위가 확장되며 주변에서 발생하는 일들을 애정 어린 관심으로 대할 수 있는 삶입니다.

2. 1 1890년에 체코에서 태어난 카렐 차페크Karel Čapek는 체코가 낳
은 가장 영향력 있는 작가 중 하나다. 1938년 사망할 때까지 다
양한 장르의 작품을 발표했는데, 특히 공상과학물에 뛰어난 재
능을 보였다고 평가된다. 인간의 감정을 갖게 된 기계인간을 다
룬 공상과학물인 《로섬의 로봇Rossum's Universal Robots》과 《마크
로풀로스 어페어The Makropulos Affair》가 대표적이다. '로봇'이라
는 용어도 그가 처음으로 사용한 것으로 알려져있다.

　　《마크로풀로스 어페어》는 1922년에 연극 공연을 위한 극본
이었으나, 체코의 작곡가 레오시 야나체크Leoš Janáček(1854~1928)
에 의해 3장으로 구성된 오페라로 작곡되었다. 또한 영국의 철
학자 버나드 윌리엄스Bernard Williams(1929~2003)에 의해 영생을
다룬 철학적 탐구의 소재로 다루어졌다.

2. 2 여기서 전개되는 이야기는 논문 〈The Makropulos Case
Reflection on the Tedium of Immortality〉에 나타난 버나드 윌
리엄스의 입장이다. 윌리엄스에 의하면 죽지 않고 영원히 사는

것은 삶 자체를 무의미하게 만든다. 따라서 의미 있는 삶을 유지하는 것이 바람직하다면 어떠한 형태로든 영생은 바람직한 것이 아니다.

윌리엄스의 이러한 결론은 영생이 영생하는 당사자에게 바람직한 것이기 위해서는 반드시 만족되어야 할 조건으로 그가 주장하는 두 기준에 근거하고 있다. 첫 번째 기준은 영생이 바람직하기 위해서는 영생하는 미래의 사람은 현재의 그 사람과 동일한 한 사람이어야 한다는 것이고, 두 번째 기준은 영생하는 사람의 삶이 그 당사자에게 매력적인 삶이어야 한다는 것이다. 윌리엄스에 따르면 어떠한 형태의 영생도 두 기준 중 최소한 하나를 만족시키지 못하며 따라서 영생은 당사자에게 바람직하지 않다.

EM만 늙지 않고 영원히 사는 영생의 경우 두 가지 서로 다른 가능성이 있다. 첫째는 EM의 성격이나, 관심사, 목표, 성향 등 EM을 EM으로 특징짓는 핵심 요소들이 동일한 상태로 남아 있는 경우이고, 두 번째는 EM을 EM으로 특징짓는 핵심적 요소들이 변한 경우이다.

윌리엄스에 따르면 영생하는 미래 EM의 성격, 관심사, 목표, 성향 등이 동일한 상태일 경우에는 EM의 영생은 두 번째 기준을 만족시키지 못하고, EM의 성격, 관심사, 목표, 성향 등이 근본적으로 변한 경우에는 첫 번째 기준을 만족시키지 못하며 따라서 동일한 한 사람이 영생했다고 할 수 없다.

EM 형태의 영생 이외에도 다른 형태의 영생이 가능하다. 한 예로 커트 스타이너Kurt Steiner의 소설 《Le disque rayé》(1990)에서처럼 다른 육체에서지만 동일한 유형의 삶을 계속 반복하는 영생도 가능하고, 다른 유형의 삶을 영위하는 영생도 가능하다. 이 두 경우 모두 윌리엄스의 기준이 적용될 수 있다. 후자는 윌리엄스의 두 번째 조건이 만족되지 않는 경우로 이해될 수 있고, 동일한 유형의 삶을 계속하는 전자는 윌리엄스의 첫 번째 기준을 만족시키지 못하는 것으로 간주될 수 있다. 우디 알렌 Woody Allen은 자신의 영화 〈한나와 그 자매들Hannah and Her Sisters〉(1986)에서 아래처럼 동일한 유형의 삶이 반복되는 영생에 대해 부정적 견해를 밝히고 있다.

> Millions of books written on every conceivable subject by all these great minds, and in the end, none of them knows anything more about the big questions of life than I do …(중략)… Nietzsche with his Theory of Eternal Recurrence. He said that the life we live, we're gonna live over and over again the exact same way for eternity. Great, that means I'll have to sit through the Ice Capades again. It's not worth it.
>
> —J. M. Fischer의 《The Metaphysics of Death》에서

2. 3 불교에서는 윤회의 과정을 육도六道로 설명한다. 육도란 지옥地獄 · 아귀餓鬼 · 축생畜生 · 아수라阿修羅 · 인간人間 · 천상天上으로 중생은 지은 업에 따라 육도 중 한 곳에 환생還生한다. 육도 각각은 하나의 종류가 아니고 다양한 형태를 취할 수 있다. 예를 들어, 천상은 28천으로 구성되어있고 크게 욕계欲界, 색계色界, 무색계無色界로 나뉜다. 욕계에는 남녀가 있고 음행이 가능하다. 색계부터는 남녀의 구별이 없어진다. 불교 교리에 의하면 육도 윤회의 과정에 있는 한, 중생은 생로병사의 네 가지 고苦를 벗어날 수 없고 오직 깨달음을 얻은 자만이 윤회의 굴레에서 벗어날 수 있다.

윤회를 거론하는 것은 윤회하는 주체를 인정하는 것이라 할

수 있다. 윤회의 주체가 무엇인가에 대해 불교 분파에 따라 다양한 설명이 존재한다. '제법무아諸法無我'에서처럼 윤회하는 주체를 인정하지 않는 설명도 있고, 자아를 의미하는 것으로 해석될 수 있는 아트만Atman을 윤회의 주체로 간주하기도 한다.

유식학唯識學에서는 의식의 일종인 식識을 윤회의 주체로 본다. 특히 인간의 마음을 구성하는 8가지 식 중 가장 심층적인 형태 아뢰야식을 윤회의 주체로 간주한다. 그런데 유식학에서는 중생이 죽어서 환생할 때 이숙異熟(인과응보因果應報의 과果는 지은 업業인 인因에 따라 다르게 이루어진다)한다고 한다. 여기서 이숙하여 환생한 대상이 환생 전과 동일한 개체인가 하는 문제가 발생할 수 있다.

2. 4 중관의 의문은 한 사람을 그 사람이라 할 수 있는 핵심적 특징인 성격이나 관심사, 지향하는 목표, 성향 등이 극단적으로 바뀐 경우 미래의 인간은 이전의 그와 동일한 사람이라 할 수 없으리라는 윌리엄스의 주장을 대변한 것이라 할 수 있다.

사차원의 우주 속에 살고 있는 인간은 끊임없이 변화하고 있다. 시간이 흐름에 따라 그 모습도, 기억과 같은 의식의 내용도 변한다. 과학자들에 의하면 우리 몸을 구성하는 세포는 수년 안에 완전히 물갈이된다고 한다. 개인 동일성의 문제는 시공 속에서 끊임없이 변하는 인간을 어떻게 동일한 한 인간이라 할 수 있는가 하는 문제다.

개인 동일성의 문제는 영생과 밀접한 관계를 가진다. 만약 영생하는 미래의 한 인간이 현재의 그 자신과 동일한 하나의 개체가 아니라면, 그 자신이 영생하는 것이 아니라 전혀 다른 사람이 미래에 존재하는 것이 될 것이기 때문이다.

개인 동일성을 설명하는 이론은 크게 다섯 가지로 구분될 수 있다.

1. 영혼의 동일성에 의거한 이론
2. 육체의 동일성에 의거한 이론
3. 두뇌의 동일성에 의거한 이론
4. 심리적 연속성에 의거한 이론
5. 육체적 기준과 심리적 기준이 혼합된 이론

2. 5   영생을 하는 사람이 자신의 관심사와 추구하는 행위를 적절히 조화롭게 조합하여 살아간다면, 그러한 영원한 삶은 당사자에게 매력적인 삶일 수 있다는 입장을 견지하는 대표적 철학자가 피셔J. M. Fischer와 글로버Jonathan Glover다.

이들에 의하면 EM의 경우, EM만이 아니라 그녀의 가족이나 친구와 같이 가까운 사람들도 영생한다면 이성 간의 사랑을 포함한 사교 관계나 가족 관계를 위한 행위와 지적이거나 예술적인 관심사에 따른 행위와 감각적인 즐거움과 스포츠와 같은 육체적 즐거움을 위한 행위를 조화롭게 혼합하여 살아간다면 영생은 당사자에게 매력적인 삶일 수 있다.

2. 6   이러한 입장을 취하는 대표적 철학자가 글로버다.

But I am not convinced that someone with a fairly constant character need eventually become intolerably bored, so long as they can watch the world continue to unfold and go on asking new questions and thinking, and so long as there are other people to share their feelings and thoughts with. Given the company of the right people, I

would be glad of the chance to sample a few million years
and see how it went.

　　　　　　　　　　　　　–《Causing Death and Saving Lives》, 57쪽에서

2. 7　구체적인 맥락에서 상대적인 의미로 사용되었을 경우 '완전하
　　다'는 용어는 어느 정도 이해될 수 있다. "운전 기술의 측면에
　　서 볼 때 A는 B보다 완전하다"는 표현은 A의 운전 기술이 B보
　　다 뛰어나다는 의미로 해석될 수 있다. 그러나 구체적인 맥락이
　　나 상대적인 의미로 사용되지 않았을 경우 '완전하다'는 용어
　　는 이해될 수 없는 용어로 보인다.

　　　　한 대상 A는 완전하다.

　　　'완전하다'는 용어가 구체적 맥락이나 설명 없이 사용되었
　　을 경우인 앞 문장을 해석하는 최선의 방법은 'A는 모든 면에서
　　완전하다'는 뜻으로 받아들이는 것일 것이다. 만약 'A는 완전
　　하다'가 'A는 모든 면에서 완전하다'는 의미라면 A는 어떤 면
　　에서도 완전해야 한다. 따라서 A는 모습에서도 완전해야 하고,
　　사랑에도, 행동에도, 동정심에도 심지어 다른 것에 대한 증오에
　　서도 완전해야 한다. 도대체 완전한 모습이란 어떠한 모습일 수
　　있는가? 또한 A는 모든 면에서 완전해야 하므로 서로 모순되는
　　측면에서도 완전해야 한다. A는 도둑질을 하는 데도 완전해야
　　하고 도둑질을 막는 데도 완전해야 한다.

죽음은
죽는 당사자에게
나쁜 것인가

육체적 죽음을 초월하여 살아남을 수 있는 영혼의 존재는
인간 삶의 허무함을 극복하기 위해 요청되는 요소일지도 모르겠습니다.

후평 비가 올 것처럼 먹구름이 잔뜩 끼었군요. 그래, 이 선생 친구는 어떤 상태입니까?

중관 며칠 전 결국 세상을 떠났습니다. 장지까지 다녀왔는데 부인과 아이들의 슬퍼하는 모습을 보며, 산다는 게 참 허무하다는 생각을 다시 하게 됐습니다.

후평 이 선생 친구의 부인과 같이 죽는 당사자와 밀접한 관계에 있는 사람에게 그의 죽음은 정신적인 충격이자 커다란 변화를 의미합니다. 이 선생과 남은 사람들이 이 위기를 슬기롭게 잘 헤쳐나가기를 바랍니다.

중관 가장 안됐고 불행한 사람은 죽은 당사자인 제 친구가 아닐까요? 건강하고 아름답던 그의 몸은 오래지 않아 한 줌의 흙으로 돌아갈 것이고, 죽음은 모든 것과의 단절을 의미하므로 그는 살아있을 때 사랑했던 사람들과 아끼고 소유했던 모든 것을 상실하게 될 테니까요.

후평 이 선생이나 친구 분의 믿음처럼 죽음은 모든 것과의 단절이고 무無로 돌아가는 것이라면, 죽음이라는 사건은 죽는 당사자에게는 좋은 일도 나쁜 일도 아닐 것입니다.

중관 조금 전에 말씀드렸듯이 죽음은 사랑하고 아끼던 모든 것을 앗아갈 것입니다. 또한 죽은 후의 몸은 온갖 벌레들의 밥이 되고, 결국에는 한 줌의 흙으로 변할 것입니다. 죽음에 대한 선생님이 제공한 수업 자료 중 죽은 후 육체의 변화에 대해 쓴 글을 읽고 한동안 참담한 느낌을 지울 수 없었던 기억이 납니다. 죽으면 자신의 모든 것을 상실할 것이고 처참한 모습으로 변할 텐데, 어떻게 죽음이 죽는 당사자에게 나쁜 일이 아닐 수 있습니까?

후평 다음은 윤회와 전생에 대해 관심을 가지고 있는 일본 작가 이소노가미 겐이치로石上玄一郞의 책 《윤회와 전생》(1987)에서 발췌한 내용입니다.

입술, 손톱, 구강점막 등에 담자색의 치아노제가 나타나고 각막의 반사가 없으며 뇌파가 사라진다. 동공은 열린 채로 멍하게 되며 서너 시간 지나면 생기를 잃고 흐릿해지다가 백탁白濁한다.

죽은 사람의 체온은 외기의 온도에 맞춰 식어간다. 겨울이라면 매시 섭씨 1도, 여름이라면 0.5도의 비율로 저하된다. 그에 따라 한두 시간 지나면 사후경직이 시작된다. 경직은 심근, 횡경막근에 가장 먼저 오고 이어서 턱, 목덜미, 어깨, 가슴, 배 등에 오며 마지막에는 상지上肢와, 하지에 온다. 손발의 관절이 굳어져 쉽사리 구부러지지 않게 되고, 죽은 사람이 물건 같은 것을 쥐고 있을 때에는 비틀어떼기가 어렵다. 경직은 외기의 온도에 비례해 빠르게 일어나며, 생전에 강건했던 사람일수록 억세며 아이들이나 쇠약자들은 경미하다.

한편 사체에 일어나는 혈액의 저류貯溜는 신체 표면에 자적색紫赤色의 반점을 확대시킨다. 이것은 중력의 작용으로 인해 사체의 아래 부분의 피부에 나타나며 12시간이 지나면 전신으로 퍼진다. 경직은 기온과의 관계 때문에 36시간 내지 이삼일 만에 풀리지만 그와 동시에 부패가 시작된다.

부패는 체내의 효소로 인한 자가융해自家融解와 세균류로 인한 분해로 구분된다. 하복부의 피부는 청람색을 나타내고 부패수포가 스며나오며 체내 가스의 발생 때문에 부풀어 오른 사체는 이른바 '거인의 모습'을 나타낸다.《고사기古事記》의 서술자는 이렇게 사체가 손괴되어가는 양상을 상징적이면서도 귀기가 넘치는 말로 서술하고 있다.

불 하나를 밝히고 살펴보려고 들어가니(이자나미 노미코토의 시체에서는) 구더기가 꿈틀거리고 윙윙대는데, 머리에는 대뇌大雷가 있고, 가슴에는 화뇌火雷가 있으며, 배에는 흑뇌黑雷가 있고, 생식기에는 절뇌折雷가 있으며, 왼손에는 약뇌若雷가 있고, 오른손에는 토뇌土雷가 있으며, 왼발에는 명뇌鳴雷가 있고 오른발에는 복뇌伏

3. 1

雷가 있어, 몰밀어서 여덟 명의 뇌신雷神이 있었다.

이와 같은 썩은 시체의 뒤처리를 떠맡는 것이 새, 짐승, 벌레 등 크고 작은 동물들이다. 독수리, 까마귀, 들개, 하이에나, 웅묘, 갑충, 파리, 개미, 우은충羽隱蟲, 매장충埋葬蟲, 염마충閻魔蟲, 가다랭이포충 등 이들 동물은 여러 나라에서 '장의사葬儀社' 또는 '청소부'라고 불리고 있으며 개중에 어떤 것은 신성시되기도 한다.

우선 가장 먼저 찾아오는 조문객은 그 가운데서도 쉬파리, 흑파리 등의 파리 등속이다. 이들 파리 등속은 언제 어떤 장소에서건 재빨리 나타나 사체에 알을 깐다. 알은 당장에 부화되고 구더기가 되어 사체 위를 돌아다닌다. 일주일쯤 성장한 구더기는 사체를 떠나 땅속으로 들어가 번데기가 된다. 번데기는 다시 일주일쯤 지나면 땅속에서 나와 파리가 되어 다시 사체에 몰려든다.

이와 같은 더러운 순환에 의해 사체는 원형을 잃고 꿈틀대는 구더기의 덩어리가 된다. 그러나 그뿐인가. 여러 가지 소동물들이 내습하기 때문에 사체가 지상에 방치된 때에는 반년도 되지 않아 백골화된다. 흙 속에 매장된 사체가 백골이 되는 데 삼사 년이 걸리는데, 그 백골도 마침내 썩어서 골질骨質이 부스러져 수년이 지나면 형해도 남지 않는다. 즉 이것이 객체로서 포착된 생사生死의 현상이다.

중관 여기 묘사되어있듯이 아무리 아름답고 건강한 신체를 소유한 사람일지라도 일단 죽고 나면, 그의 신체는 온갖 벌레들의 밥이 되고, 꿈틀대는 구더기의 덩어리가 되었다가 결국 한 줌의 흙으로 변합니다. 사람이 죽으면 누구나 이처럼 처참한 모습으로 변할 것이고, 이러한 처참한 변화를 겪는 것은 죽는 당사자일 텐데 어떻게 죽는 당사자에게 죽음이 나쁜 것이 아닐 수 있겠습니까?

후평 죽은 후 인간의 신체가 겪게 될 변화를 객관적으로 묘사한 글입니다. 이 글에서 묘사된 것처럼 죽은 후에 겪게 될 인간 신체의 변화는 그리 유쾌한 느낌이 들게 하는 모습은 아닙니다. 그런데 이 글에서처럼 죽은 후 인간 신체의 변화를 관찰할 수 있는 자는 누구일까요?

중관 왜 그런 질문을 하시는지 모르겠군요. 죽은 후 우리 인간의 육체는 화장과 같은 인위적 처리가 없다면 이 글에서 묘사된 것처럼 처참한 모습으로 변하리라는 것은 누구나 알고 있는 상식적인 사실에 불과합니다. 이 글은 이러한 상식적인 사실을 정리했을 뿐입니다.

후평 이 선생의 말처럼 죽은 후 인간의 육체는 결코 아름답다고 할 수 없는 모습으로 변하리라는 것은 우리 누구도 피할 수 없고 누구나 알고 있는 사실입니다. 이 선생이 죽은 후에도 이 선생의 육체는 이 글에서 묘사된 것처럼 추한 모습으로 변할 것입니다. 그러나 이 선생 자신은 죽은 후 추하게 변한 자신의 육체의 모습을 관찰할 수도 없고, 추하게 변한 자신의 육체에 대해 참담한 느낌을 가질 수도 없을 것입니다. 이 선생이 죽은 후에는 관찰할 수 있고 느낄 수 있는 당사자인 이 선생 자신이 존재하지 않을 테니까요.

내 질문의 요점은 이 선생이나 나처럼 육체적 죽음을 초월하는 영혼의 존재와 같은 것을 인정하지 않는다면, 죽은 후 변화된 육체의 모습을 관찰하고 이에 대해 참담한 느낌을 느낄 수 있는 주체가 죽은 당사자일 수는 없다는 것입니다. 죽은 후 인간의 모든 감각기관은 제 기능을 발휘하지 못함은 물론 의식도 없을 테니까요.

이 선생은 이소노가미의 책에서 발췌한 글을 읽고 참담한 느낌을 가졌다고 했습니다. 그러나 이 선생이 느낀 참담함은 아마도 이 선생 스스로 관찰할 수도 느낄 수도 없는, 죽은 후 자신의 육체의 변화를 예상한 결과에 지나지 않을 것입니다.

중관　선생님의 말씀처럼 제가 죽은 후 저 자신은 죽은 후의 저의 변한 모습을 관찰할 수 없습니다. 죽는 순간 우리는 모두 무로 돌아갈 테니까요. 그러나 한 사람이 죽은 후 그 사람의 육체는 처참한 모습으로 변한다는 것은 생명이 있는 유기체라면 누구에게나 닥칠 냉엄하고 객관적인 사실입니다. 따라서 제가 죽은 후 제 육체가 변한 모습을 관찰할 수 없을지라도 이러한 변화가 제 자신이 죽은 후에도 찾아올 것이라고 예상하고 참담함을 느끼는 것은 지극히 당연한 일일 것입니다.

우리가 동의했듯이 죽음은 모든 것과의 단절을 의미합니다. 우리가 죽으면 사랑하는 사람들을 포함하여 아끼고 소유했던 모든 것을 상실할 것입니다. 또한 죽고 난 후 필연적으로 우리의 육체는 처참한 모습으로 변할 것입니다. 죽음으로 인해 우리는 아끼던 모든 것을 상실하게 되고, 우리의 육체가 처참한 모습으로 변할 텐데 어떻게 죽음이 나쁜 것이 아닐 수 있습니까?

후평 죽고 난 후 인간 변화된 육체의 모습을 처참하다고 표현하는 것이 옳은지 모르겠습니다. 어쨌든 이 선생의 논지를 '한 사람의 죽음은 그가 아끼던 모든 것을 앗아가고 그의 육체를 처참한 모습으로 변하게 할 것이므로 죽는 당사자에게 나쁜 것이다'로 정리해도 되겠습니까?

중관 그렇습니다. 죽음은 정신적으로이든 물질적으로이든 아끼던 모든 것을 상실하게 할 것이고 아름답고 건강했던 육체를 더럽고 추한 모습으로 바꾸어놓을 것입니다. 며칠 전에

Egon Schiele, 〈Tod und Mädchen〉(1915), Oil on canvas
150.5 × 180cm, Österreichische Galerie Belvedere

저 세상으로 간 제 친구의 경우 죽음은 그의 명예와 재산은 물론 사랑하는 가족을 포함하여 그가 아끼던 모든 것을 앗아갔습니다. 또한 수려하고 건강했던 그의 몸은 땅속에 묻힌 채로 벌레들의 밥이 되었다가 이내 한 줌의 흙으로 변할 것입니다. 선생님도 아시다시피 생전에 제 친구는 자신이 곧 죽는다는 사실에 대해 매우 괴로워하며 극단적으로 행동했습니다. 만약 그가 죽음이 자신에게 나쁜 것이 아니라고 생각했다면 그는 죽기 전에 그러한 모습을 보이지 않았을 것입니다.

후평   이 선생 친구는 자신이 곧 죽을 것을 알고 있었고, 죽음이 가져올 변화를 미리 예상하며 괴로워했던 것입니다. 얼마 지나지 않아 사랑하고 아끼고 익숙했던 모든 것과 단절되어 무생물의 상태로 변하게 될 것이라 예상하는 것은 당사자에게 두려움과 괴로움을 줄 것입니다.

        그러나 이러한 두려움과 괴로움은 죽음 자체가 아니라, 죽음이 끼칠 변화를 미리 예상한 결과일 뿐입니다. 앞에서 말했듯이 내가 문제 삼았던 것은 죽음에 대한 예상이 아니라 죽음 자체가 죽는 당사자에게 나쁜 것인가 하는 것이었습니다. 따라서 이 선생 친구의 경우는 이 문제에 대한 적절한 예가 아닐 것입니다. 새로운 예를 하나 들어 보겠습니다. 사랑하는 사람과 결혼을 앞두고 있는 미스코리아 출신의 유명한 젊은 여가수가 수면 중에 심장 쇼크로 죽었다고 가정합시다. 이 여가수의 죽음은 돌연사이므로 그녀는 자신이 곧 죽을 것이라는 것을 모르는 경우입니다.

　자, 이제 다시 묻겠습니다. 이 경우 죽음은 그녀 당사자에게 나쁜 것입니까?

중관　당연히 그럴 것입니다. 그녀가 생을 포기할 만큼 괴로움에 시달리고 있었던 경우가 아니라면 당연히 그녀의 죽음은 그녀에게 발생한 나쁜 사건일 것입니다. 제 친구의 경우처럼, 자신의 돌연한 죽음으로 인해 그녀는 가수로서의 명예와 경제적 풍요함은 물론 결혼을 약속한 사랑하는 사람을 잃은 것입니다. 또한 미스코리아 출신으로 아름답고 젊은 그녀의 몸은 얼마 지나지 않아 누구나 혐오할 모습으로 변할 것입니다.

후평　그녀가 자신이 아끼고 사랑했던 것을 상실하고 그녀의 모습이 변한 것은 언제 발생한 일인가요?

중관　죽은 후에 아니 죽음과 동시에 시작된 것 아닌가요?

후평　죽음은 살아있음과 살아있지 않음을 나누는 순간에 불과하므로, 그녀가 아끼던 것을 상실하고 자신의 모습이 변한 것은 그녀가 살아있는 동안에 발생했거나 그녀가 죽은 후에 발생했을 것입니다. 당연히 그녀가 생존해있는 동안은 아닐 것입니다. 죽음이 찾아오지 않는 한 그녀는 미모의 건강한 몸을 유지했을 것이고, 자신이 아끼는 것들을 상실하지 않은 상태일 테니까요. 받아들이기 어려울지 모르지만 그녀가 죽은 후도 아닐 것입니다. 우리가 받아들이고 있는 전제에 따르면 죽은 후 우리 인간은 모두 무로 돌아갑니다. 따라서 그녀가 죽은 후 그녀는 더 이상 존재하지 않습니다. 무언가를 상실하고 일정한 변화가 가능하려면 상실하고 변한 주체가 있어야 합니다. 그러나 그녀가 죽은 후에는 아끼던 것을 상실하고 추한 모습으로 변한 당사자인 그녀는 존재하지 않습니다.

죽음이 죽는 당사자에게 나쁜 것이라면 죽음이 끼친 해악을 경험할 수 있어야 하고, 해악이 발생했을 때 그 해악을 당한 당사자로서의 주체가 존재해야 합니다. 그러나 죽기 전에는 죽음의 해악이 발생하지 않았고, 죽은 후에는 죽음의 해악을 경험하고 당한 주체가 존재하지 않습니다. 따라서 죽기 전 살아있을 때의 고통이나 죽음에 대한 예상에 의한 것을 감안하지 않고 죽음 자체만을 고려할 경우 죽음은 죽는 당사자에게는 나쁜 것이 아닙니다.

중관 선생님의 말씀은 저 개인적으로는 도저히 받아들이기 힘든 주장입니다. 그러나 선생님의 말씀을 논리적으로 반박할 적당한 생각이 떠오르지 않는군요. 조금 더 자세히 선생님의 논지를 설명해주시겠습니까?

에피큐리언의 견해

후평 일정한 사건이 한 사람에게 영향을 주려면, 그는 그 사건을 경험할 수 있어야 하고 그 사건이 발생할 때 존재해야합니다. 한 사람이 심한 감기로 고통을 겪고 있다고 합시다. 이 경우 그 사람이 심한 감기로 고통을 받고 있다는 말이 성립하기 위해서는 고통을 경험하는 당사자인 그가 존재해야만합니다. 감기로 고통을 받던 그 사람이 죽었을 경우 동일한표현은 성립하지 않습니다. 감기로 인한 고통을 겪는 당사자가 더 이상 존재하지 않으니까요.

죽음이 죽는 당사자에게 나쁜 것이라면 죽는 당사자가 죽음을 직접 경험할 수 있거나 죽음의 해악이 발생할 때 그 해악을 당한 당사자가 존재해야만 합니다. 그러나 이미 이야기했듯이 살아있는 동안 죽음은 발생하지 않았고, 죽은 후에는 죽음의 해악을 직접 경험할 당사자가 존재하지 않으므로 이러한 해악을 경험할 수도 당할 수도 없습니다.

3. 2   죽음에 대해 이러한 견해를 최초로 개진한 사람은 기원

Frans Hals, 〈Young Man with a Skul〉(1626~1628), Oil on canvas, National Gallery, London

전 4세기와 3세기를 거쳐 활동했던 그리스의 철학자 에피쿠로스Epicouros입니다. 에피쿠로스 외에도 여러 사람이 죽음은 죽는 당사자에게 나쁘지 않다는 견해를 지지했습니다. 로마 시대의 시인이자 철학자인 루크레티우스Titus Lucretius Carus가 유사한 견해를 견지했고, 현대에는 로젠바움S. Rosenbaum 등이 죽음에 대한 이러한 견해를 지지한 대표적인 철학자입니다.

쾌락주의자로 알려져있는 에피쿠로스는 생존 당시 '가든Garden'이라는 공동체를 이끄는 등 비교적 활발한 활동을 했다고 알려져있으나 그의 사상을 파악할 수 있는 저술은 거의 남아있지 않습니다. '에피큐리언의 견해Epicurean View'라고 불리는 죽음에 대한 그의 생각은 오이디푸스의 외조부인 메노이케우스Menoeceus에게 보낸 그의 편지에서 찾아볼 수 있습니다.

3. 3   "우리들에게 가장 두려운 것으로 여겨지는 죽음은 실은 우리에게 아무것도 아닙니다. 우리가 존재하는 한 죽음은 우리와 함께 있는 것이 아니고, 죽음이 왔을 때는 우리는 더 이상 존재하지 않을 것이기 때문입니다. 죽음 자체는 산 자와 죽은 자 모두에게 아무런 관련이 없습니다. 산 자에게는 죽음이 없고, 죽은 자는 더 이상 존재하지 않을 것이기 때문입니다."

에피큐리언의 견해는 이렇게 정리될 수 있을 것 같습

니다. 죽음이 죽는 당사자에게 나쁜 것이려면 죽는 당사자가 죽음의 해악을 경험하거나 그 해악으로 인한 피해를 입어야 합니다. 그런데 죽음의 해악을 경험하거나 해악을 당하는 일은 죽는 당사자가 살아있는 동안이거나 죽은 후에 발생해야 합니다. 그러나 살아있는 동안에는 죽음이 찾아오지 않았으므로 죽음의 해악을 경험할 수도 해악을 당할 수도 없습니다. 또한 죽은 후에는 인식 주체가 존재하지 않으므로 죽음의 해악을 경험할 수도 그 해악을 당할 수도 없습니다. 따라서 죽음은 죽는 당사자에게 나쁜 것이 아닙니다.

중관　결국 '에피큐리언의 견해'는 죽음이 나쁜 것이려면 죽 **3. 4**
음의 해악을 경험할 수 있어야 한다는 경험조건과 죽음의 해악을 입을 당사자가 존재해야 한다는 존재조건이 만족되어야 하는데, 죽음은 이 두 조건을 모두 만족시킬 수 없으므로 죽음은 나쁘지 않다고 정리될 수 있겠군요.

후평　그렇게 정리할 수도 있겠습니다. 그러나 경험조건은 존재조건에 의존적인 조건입니다. 인식 주체가 존재하지 않는다면 경험은 불가능할 테니까요.

중관　지금 우리가 나누는 대화와 본질적으로 연결된 것인지 모르겠지만, 한 가지 의문이 듭니다. 선생님께서는 죽음의 해악이 발생할 수 있는 가능한 시간을 살아있는 동안과 죽은 후의 둘로 나누고 있습니다. 그러나 그 중간 시점인 죽는 동안에 죽음의 해악이 발생한다고 할 수도 있지 않겠습니까?

후평 '죽음'이란 용어는 살아있음과 살아있지 않음의 경계를 나타내는 표식어에 지나지 않습니다. 한 사람이 죽은 상태가 아니라면 그는 살아있는 것입니다. 따라서 '죽는 동안'이라는 말은 근본적으로 성립하지 않을 것 같습니다. 한 사람이 죽음에 아무리 근접한 상태라도 그는 살아있는 것이지 죽은 것은 아닙니다. 따라서 한 사람이 죽기 전에 단발마적인 고통에 시달린다 할지라도 그의 고통은 그 사람이 살았을 때의 고통에 불과합니다.

　　설혹 죽음을 살아있음과 죽어있는 상태 사이에 시간의 경과가 요구되는 과정이라는 것을 받아들여도 죽음은 나쁜 것이 아닐 것입니다. 죽음의 과정에 있는 인간은 의식이 없을 것이고, 있다고 해도 자신과 주위의 변화를 인지할 수 없는 상태일 테니까요. 만약 죽음의 과정에 있는 한 사람이 그러한 변화를 지각할 수 있다면 그는 분명히 살아있는 것이지 죽음의 과정에 있는 것은 아닐 것입니다.

　　죽음의 과정을 인정하고 그 과정이 고통스럽고 괴로운 과정이라 가정해서, 죽는 과정이 나쁜 것이므로 죽음은 나쁘다고 주장할 경우 그러한 주장은 우리가 문제 삼고 있는

'죽음은 나쁜 것인가' 하는 문제와 무관할 것입니다. 우리의 논의에서 핵심적인 문제는 죽어서 무로 돌아가는 것이 죽는 당사자에게 나쁜 것인가 하는 것이지 죽음에 이르기까지의 고통이나 괴로움과 관련된 것은 아니기 때문입니다.

중관 선생님의 말씀처럼 죽는 동안에 죽음의 해악이 발생한다는 저의 생각은 성립하지 않을 것 같습니다. 죽음이 시간의 경과가 요구되는 과정이라고 한다면, 극단적으로 말해서 태어나서 죽을 때까지의 기간도 죽음의 과정이라 간주할 수 있을 테니까요.

또한 죽음은 죽는 당사자에게 나쁜 것이 아니라는 에피큐리언의 견해는 엄밀하고 명료한 논리적 추론 과정으로부터 도출된 귀결이라는 사실도 부인할 수 없을 것 같습니다. 그러나 저는 여전히 죽음은 죽는 당사자에게 해악을 끼치는 사건이라는 우리가 가진 상식적이고 건전한 직관을 버릴 수 없습니다. 철학 이론이 옳고 실용적이기 위해서는 우리가 가진 상식적이고 건전한 직관을 설명해줄 수 있어야 합니다. 에피큐리언의 견해는 우리의 상식적이고 건전한 직관과 모순됩니다.

후평 이 선생은 죽음은 죽는 당사자에게 나쁜 것이라는 이 선생이 가진 생각을 상식적이고 건전한 직관이라 간주했습니다. 그러나 내 생각으로 이 선생이 가진 직관은 상식적일지는 몰라도 건전하지는 않을 것 같습니다. 직관의 내용이 참이 아니라면 그 직관은 건전하지 못할 것입니다. 이 선생의 직관과 정면으로 모순되는 에피큐리언의 견해가 실제로 참인 전제들로부터 타당한 추론 과정을 거쳐 도출된 참인 결론입니다. 따라서 에피큐리언의 견해와 모순관계에 있는 죽음은 죽는 당사자에게 나쁜 것이라는 이 선생의 직관은 거짓일 것입니다.

이 선생이 에피큐리언의 견해를 반박하기 위해서는 에피큐리언의 견해 도출을 위해 사용된 전제들이 거짓이라는 것을 보이든가, 에피큐리언의 견해 도출을 위해 사용된 추론 과정이 논리적으로 타당한 추론 과정이 아니라는 것을 밝혀야 합니다.

중관 저에게 에피큐리언 견해의 도출에 사용된 명쾌한 논리적 추론 과정에서의 오류를 드러낼 능력이 있을 것 같지 않습니다. 저는 선생님께 역으로 제안하고 싶습니다. 나름대로 저의 직관을 합리적으로 설명해보겠습니다. 만약 제 설명에 논리적 오류를 포함하여 문제점이 있다면 선생님께서 지적해 주십시오.

후평 좋습니다. 시작해보십시오.

중관   저는 오랫동안 문명의 발원지를 포함하여 지구의 곳곳을 여행하고자 하는 개인적인 바람을 가지고 있었고, 이를 위해 매달 일정액을 저축하고 있습니다. 또한 저는 빈부의 격차가 줄어들고 지위의 고하를 막론하고 누구나 즐겁게 나름대로의 행복을 누릴 수 있는 사회가 된 우리나라를 보기 원하는 초개인적인 바람을 가지고 있습니다. 제가 현재 가지고 있는 이러한 개인적 욕망이나 초개인적인 바람은 현재까지 실현되지 않았습니다. 따라서 저는 이들을 경험할 수도 느낄 수도 없고 단지 바라고 있을 뿐입니다.

    그러나 제가 현재 이러한 개인적인 혹은 초개인적인 욕망을 가지고 있다는 것은 부인할 수 없는 사실입니다. 제가 죽는다면 제가 소유한 욕망은 실현될 수 없을 것이고 따라서 좌절될 것입니다.

후평   나도 지금 소유하고 있는 조그마한 땅을 푸성귀와 나무를 가꾸며 편히 쉴 수 있는 편안하고 아름다운 농장으로 만들려는 개인적 욕망을 갖고 있습니다. 또한 나는 우리가 사는 이 사회가 논리와 합리적인 사고가 중시되고 상습적으로 거짓말을 일삼는 자들이 득세할 수 없는 사회가 되기를 원하는 사회적 바람을 가지고 있습니다. 이러한 나의 욕망이나 바람은 현재까지 현실화되지 않았습니다. 대부분의 사람들은 나나 이 선생처럼 개인적인 혹은 초개인적인 욕망을 갖고 있을 것입니다.

　　한 사람이 죽으면 그가 소유한 이러한 욕망은 그에게
실현되지 않을 것이고, 그가 가진 욕망들은 좌절될 것입니
다. 따라서 이 선생의 주장은 "죽음은 죽는 당사자가 소유했
던 욕망들을 좌절시키므로 죽는 당사자에게 나쁜 것이다"라
는 말로 정리될 수 있을 것입니다. 이 선생의 주장을 반박하
기 위해 조금 전에 사용했던 논리 전개 방식을 사용할 수밖에
없을 것 같습니다. 죽음은 욕망을 좌절시킬 것이고 한 사람
의 욕망이나 바람이 좌절된 것은 그 당사자에게 나쁜 일일 것
입니다. 그러나 욕망이 좌절된 것이 언제입니까?

3. 7　　이 선생이 생존해있는 동안에는 이 선생이 살아있으
므로 이 선생이 가진 욕망이나 바람이 좌절된 것이 아닙니
다. 또한 이 선생이 죽고 난 후도 아닐 것입니다. 이 선생
이 죽고 난 후에는 좌절을 겪을 당사자가 존재하지 않으니
까요.

중관　에피큐리언의 견해를 옹호하기 위해 선생님께서 사용
하는 추론에서 결정적인 역할을 하는 것은, 어떤 사건이 한
사람에게 영향을 끼치려면 그 사람이 그 사건을 경험해야 한
다는 경험조건과 그 사건을 경험하는 당사자가 존재해야 한
다는 존재조건일 것입니다. 그러나 저에게는 경험조건과 존
재조건이 지나치게 강조된 것으로 보입니다.

실질적으로 한 사람이 일정한 사건이 발생한 장소에 있을 수 없고 따라서 그 사건을 경험할 수 없어도 그 사람에게 나쁜 사건이라고 할 수 있는 경우가 있지 않을까요?

예를 하나 들어 보겠습니다. 저는 신혼여행을 제주도로 갔습니다. 첫날밤을 서귀포 해안가에 위치한 한 호텔에서 보냈습니다. 그런데 제가 묵은 호텔의 침실에 몰래카메라가 설치되어있어서 첫날밤에 치러진 저와 제 아내의 적나라한 성행위 모습이 녹화되었고 신비스러운 경로를 통해 인도양의 이름 없는 조그만 섬의 주민들에게 유포되었다고 가정하겠습니다. 또한 이러한 사실이 저와 제 주변 사람은 물론 저에게 이 사실을 알릴 가능성이 있는 어느 누구에게도 알려져있지 않다고 합시다.

저는 그곳에서 이러한 일이 벌어지고 있는지 모르므로 그 이름 없는 섬을 방문할 계획도, 여비를 충당할 경제적 능력도 없습니다. 따라서 그 조그만 섬에서 제 성행위 장면이 포르노로 상영되고 있다는 사실을 경험할 수도, 그 사실이 벌어지고 있는 현장에 있을 수도 없습니다. 그러나 이 경우 인도양의 조그만 섬나라에서 저의 성행위 모습을 담은 필름이 유포되고 있다는 사실은 현재 이곳에 살고 있는 저에게 용인할 수 없는 일입니다. 따라서 일정한 사건이 한 사람에게 나쁜 일인가를 판단하는 데 경험조건과 존재조건이 필수적으로 요구되는 것은 아닐 것입니다. 경험조건과 존재조건이 한 사건이 당사자에게 나쁜 것이냐를 결정하는 데 필수적으로 요구되는 것이 아니라면, 죽음은 죽는 당사자에게 나쁜 것이라는 저의 직관이 옹호될 수 있을 것 같습니다.

3. 9 　　　　제 직관이 옳다는 것을 선생님께 다시 한 번 설득해 보겠습니다. 선생님도 아시다시피 제에게는 장성한 두 딸이 있습니다. 이들은 큰 말썽 없이 자라서 교양 있는 아름다운 숙녀로 성장했습니다. 남편과 두 딸을 위해 헌신하는 아내와 저의 두 딸은 저에게 기쁨과 행복을 주는 원천입니다. 저는 제가 현재 누리고 있는 행복이 미래에도 계속되기를 원합니다. 아마도 얼마 지나지 않아 저의 두 딸은 결혼을 할 것이고 저에게 손자들을 안겨주겠지요. 손자들은 저에게 새로운 기쁨과 행복을 줄 것입니다. 만약 제가 지금 죽는다면 미래에 제가 누릴 수 있는 이러한 행복들은 박탈될 것입니다. 물론 제가 지금 죽는다면 저는 미래에 제가 누릴 행복이 박탈되는 것을 경험할 수도 행복의 박탈을 당할 수도 없습니다. 죽기 전까지는 미래에 누릴 행복이 박탈된 것이 아니고 죽고 난 후에는 행복의 박탈을 당한 주체인 제 자신이 존재하지 않을 테니까요. 그러나 저의 죽음은 죽지 않았으면 누렸을 저의 행복을 앗아갑니다. 경험조건과 존재조건의 성립 여부를 떠나 죽지 않았으면 누렸을 저의 행복이 박탈되는 것은 나쁜 일 아닐까요?

후평   자신의 직관을 옹호하기 위한 이 선생의 시도를 검토하기 전에, 우선 한 사건이 경험조건과 존재조건을 만족시키지 않지만 당사자에게 나쁠 수 있다는 것을 보이기 위해 이 선생이 제시한 예에 대해 이야기하고 싶습니다.

이 선생은 이 선생의 성행위 장면이 녹화된 필름이 이름 없는 조그만 섬에서 유통되고 있다는 사실은 이 선생 자신에게 나쁘다고 주장했습니다. 그러나 만약 내가 이 선생이 묘사한 상황에 처해있어서 그 조그만 섬에서 나의 성행위 장면을 담은 포르노가 유통되고 있더라도 내가 죽기 전까지 나와 나에게 영향을 줄 수 있는 사람들에게 그러한 사실이 알려지지 않는다면 나는 개의치 않을 것 같습니다. 내가 살아있는 동안에는 인도양의 조그만 섬에서 그런 일이 진행되고 있다는 사실을 나와 나에게 영향을 끼칠 수 있는 사람들은 모를 것이고, 따라서 나에게 그 사건이 어떠한 영향도 끼칠 수 없을 테니까요.

또한 이 선생이 제시한 예와 죽음의 경우는 핵심적인 성격이 근본적으로 다릅니다. 이 선생의 예에서 인도양의 조그만 섬에서 이 선생의 성행위 장면을 담은 포르노가 유포되고 있는 시간에 이 선생 자신은 살아있습니다. 따라서 이 선생에게 그 사건이 알려질 최소한의 가능성은 항상 열려있습니다. 예를 들자면, 가능성은 희박하겠지만 이 선생이 주인공인 포르노를 본 그 섬의 주민이 한국을 방문하여 이 선생을 우연히 만나게 될 수 있습니다. 그러나 죽음의 경우에는 근본적으로 이러한 최소한의 가능성도 열려있지 않습니다. 이 선생이 살아있는 동안에는 죽음의 해악이 발생하지 않았고 이 선생이 죽은 후에는 죽음의 해악을 당할 당사자인 이 선생 자신이 존재하지 않으니까요.

자신의 직관을 옹호하기 위해 이 선생은 죽음이 죽지 않았으면 누렸을 행복을 박탈하니까 죽음은 나쁘다고 주장하고 있습니다. 그러나 죽지 않았으면 누렸을 행복의 박탈이 언제 발생했습니까?

이 선생이 살아있는 동안은 아닙니다. 죽음이 발생하지 않았으니까요. 이 선생이 죽은 이후도 아닙니다. 이 선생이 죽고 나면 행복의 박탈을 경험하고 당한 주체인 이 선생 자신은 존재하지 않을 테니까요.

3. 10 　　이 선생의 주장대로라면 이 선생은 자신이 생존하기 시작한 탄생의 순간도 나쁜 것이어야 합니다. 이 선생이 원래 태어난 시간보다 앞서 태어났으면 누렸을 행복을 누리지 못했으니까요. 그러나 우리는 누구도 자신이 원래보다 일찍 태어나지 못한 것이 일찍 태어났으면 누릴 수 있었던 행복이 박탈된 것이니까 나쁘다고 생각하지 않습니다.

인간은 누구나 잠을 잡니다. 우리가 숙면을 취했을 경우 우리는 흔히 죽은 듯이 잘 잤다고 말하곤 합니다. 일체의 꿈도 꾸지 않고 중간에 깨는 일이 없이 골아 떨어졌다가 깼을 경우 숙면에 있었던 동안이 완전한 공백으로 느껴질 경우가 있습니다. 죽는 순간 인간이 완전한 무의 상태로 돌아간다면 죽음은 영원히 깨지 않는 숙면의 경우와 유사할 것이라 생각됩니다. 우리는 잠에 드는 것을 두려워하지 않습니다. 오히려 불면증에 시달리는 사람들의 경우 숙면을 위해 수면제를 복용하기도 합니다.

한 사람이 숙면하는 도중 일체의 고통도 없이 죽었다고 가정합시다. 이 사람의 경우 자신의 죽음을 예상하지 못했을 것입니다. 이 경우 이 사람 자신에게 죽음이 나쁜 것일까요?

중관   에피큐리언의 견해를 옹호하기 위한 선생님의 논변은 설득력이 있고 논리적입니다. 또한 선생님의 말씀에서 어떠한 논리적인 결함도 찾을 수 있을 것 같지 않습니다. 그러나 선생님께서 옹호하는 에피큐리언의 견해는 사회적으로 좋지 않은 영향을 끼칠 것이라 생각됩니다. 이것이 제가 죽음이 죽는 당사자에게 나쁜 것이 아니라는 에피큐리언 견해를 쉽게 수용하지 못하는 이유인 것 같습니다.

후평   에피큐리언의 견해가 사회에 좋지 않은 영향을 미칠 것이라고요? 왜 그렇게 생각하게 됐나요?

중관   에피큐리언의 견해는 자살을 정당화시킬 수 있는 이론
적 근거를 제공해주는 역할을 할 것입니다. 죽음이 죽는 당
사자에게 나쁜 것이 아니라면 동일한 논리로 자살하는 당사
자에게 자살은 나쁜 것이 아닐 테니까요.

후평   우선 이 선생의 주장에 대해 진실을 추구하는 것이 우
리가 지켜야 할 최고의 가치라는 말을 하고 싶군요. 진실이
외면당하면 우리의 사고와 행동은 의지할 기초를 상실할 테
니까요.

　　이 선생이 제기한 자살의 문제를 다시 한 번 살펴봅시
다. 자살은 자살하려는 사람에게 사전에 계획된 행동입니다.
따라서 자살하려는 자는 자살로 인한 자신의 죽음이 끼칠 변
화를 예상할 수 있습니다. 한 사람이 자신의 목숨을 끊으면
그를 사랑했던 사람들은 슬픔을 느낄 것입니다. 또한 그가
아끼고 돌보던 대상들은 그의 죽음으로 인해 고통을 받거나
피해를 입을 것이고, 그가 계획하고 바라던 것들은 모두 좌
절될 것입니다. 자살을 하려는 사람은 자살을 계획할 때 자
신의 죽음으로 인한 이러한 변화를 예상할 수 있습니다. 이
러한 변화가 발생하는 것은 자살하려는 당사자에게 나쁜 것
입니다. 따라서 자살에 의한 죽음 자체는 당사자에게 나쁜
것이 아니지만, 자살은 자살하려는 당사자에게 나쁜 것이라
할 수 있습니다. 자살하려는 사람은 자신의 죽음에 따른 이

러한 변화를 예상할 테니까요.

자살하려는 사람을 사랑하고 아끼는 사람의 수와 그가 아끼고 보살피는 대상의 수가 많고 그 깊이가 깊을수록, 또한 진지하게 추구하고 계획하는 일이 많을수록 그를 사랑하는 사람들의 슬픔과 그가 아끼는 대상들의 고통 그리고 그의 좌절의 깊이는 클 것입니다.

나는 죽음에 대한 에피큐리언의 견해는 우리가 어떻게 살아야 할 것인가에 대해 중요한 점을 말하고 있다고 생각합니다. 개인적 이익만을 추구하는 삶은 결코 우리의 삶을 행복하고 보람되게 할 수 없을 것으로 보입니다. 개인적이고 이기적인 동기에서 얻어진 모든 것은 시간이 경과함에 따라 퇴색되고 허망하게 사라지거나, 이반 일리치의 경우에서 보았듯이 죽음 앞에서는 어떠한 가치도 없을 것이기 때문입니다.

어린 자녀들을 둔 많은 학부모는 자신의 주위에 대한 관심 없이, 아니 남에게 피해를 주더라도 수단 방법을 가리지 않고 개인적인 이익을 추구하도록 자신의 자녀를 가르치고 있습니다. 그러나 이러한 부모의 행동은 자식을 불행하고 연약하게 만드는 일입니다. 이기적인 동기에서 얻어진 모든 것은 언제라도 쉽게 상실될 수 있을 것이고, 이 경우 당사자에게는 그가 아끼는 모든 것이 상실된 것일 수 있을 테니까요.

이 선생도 인정하겠지만 죽음은 죽는 당사자에게 나쁜 것이 아니라는 에피큐리언의 견해는 기본적으로 전제하고 있는 것이 있고 이러한 전제 하에서만 가능한 견해입니다. 그 기본적인 전제는 죽음은 모든 것과의 단절로서 완전한 무로 돌아간다는 것입니다. 우리의 육체적인 죽음 후에도 의식 활동을 하는 무엇인가가 남는다면 에피큐리언의 견해를 추론하는 데 핵심적 역할을 하는 경험조건과 존재조건이 죽은 후에도 만족될 수 있을 테니까요.

얼마 전 인식론 강의에서 정신현상과 두뇌 사이의 관계에 대해 강의를 하고 난 후 학생들에게 육체적인 죽음 후에도 살아남는 영혼의 존재를 믿느냐고 물었던 적이 있습니다. 학생들의 절반 이상이 영혼의 존재를 믿고 있었습니다. 만약 죽은 후에도 인식 활동을 할 수 있는 영혼이 존재한다면, 죽음은 죽는 당사자인 영혼에게 좋은 측면이든 나쁜 측면이든 영향을 미칠 것이고 에피큐리언의 견해는 성립하지 않을 것입니다.

중관　저는 육체가 죽은 후에도 존재하며 의식 활동을 할 수 있는 영혼의 존재를 믿지 않습니다. 그러나 제가 믿느냐의 여부를 떠나 육체적인 죽음을 초월한 영혼의 존재는 가능한 일일 것입니다.

제가 살아있는 동안에는 죽은 후의 모습이나 변화를

경험할 수 없습니다. 근본적으로 사후 세계는 미지의 세계입니다. 따라서 우리의 육체적인 죽음 이후에 우리가 완전한 무로 돌아가는 것이 가능한 것처럼, 의식 활동을 하는 실체인 영혼이 존재하는 것도 논리적으로 가능한 일입니다.

　　에피큐리언의 견해를 옹호하는 선생님의 논리에 설득되어가면서 삶이 허무하다는 생각을 지울 수가 없었습니다. 에피큐리언의 견해처럼 죽는 순간 우리는 모든 것과의 단절인 무로 돌아가며 따라서 죽음이 죽는 당사자에게 아무것도 아니라면 저 자신만을 위한 장기적인 계획은 모두 헛되고 부질없는 일일 것입니다. 아마도 이것이 고대 시대로부터 많은 사람들이 영혼의 존재를 믿어왔던 이유일 것입니다. 어찌 보면 육체적 죽음을 초월하여 살아남을 수 있는 영혼의 존재는 인간 삶의 허무함을 극복하기 위해 요청되는 요소일지도 모르겠습니다.

볼 수도, 만질 수도 없는 영혼의 실체

후평　나도 죽고 난 후에도 인식 활동과 의식 행위를 할 수 있는 영혼이 존재하기를 원합니다. 육체적인 죽음 이후에 어떠한 변화가 있을 것인가를 확인할 수 있을 것이고, 영혼이 영원히 존재할 수 있다면 톨스토이나 에피큐러스도 만날 수 있을 테니까요.

논리적인 측면으로만 볼 때 육체적 죽음을 초월한 영혼의 존재는 가능할 것으로 보입니다. 영혼의 존재를 인정하는 것 자체가 논리적 모순을 야기할 것으로 보이지는 않으니까요. 그러나 육체가 죽고 난 후에도 살아남는 영혼이 존재할 가능성은 물리적으로 불가할 뿐 아니라 형이상학적으로도 불가할 것으로 보이는, 도저히 받아들일 수 없는 가능성입니다.

영혼에 대해 이야기할 때 떠오르는 생각 중 하나는 어렸을 때 재미있게 읽었던 만화에 등장하는 로봇입니다. 이 선생은 혹시 어린아이가 거대한 로봇의 눈 부분에서 로봇을 조종하는 만화를 기억합니까?

중관   저도 그 만화를 즐겨보았습니다. 그 로봇은 마징가제트고, 그 로봇을 조종하는 어린이의 이름은 '쇠돌이' 아니면 '철이'일 것입니다.

후평   이 선생의 기억이 정확한 것 같습니다. 편의상 마징가제트를 조종하는 어린아이 이름을 '쇠돌이'라 합시다. 만화에서 쇠돌이는 로봇을 조종하며 지구의 평화를 위협하는 악의 무리를 처단합니다. 마징가제트와 같은 로봇의 출현은 물리적으로 가능할 뿐 아니라 우리들의 의지와 실용성만 있다면 얼마든지 현실화될 수 있는 가능성입니다.

　　마징가제트가 악의 무리와 싸우다가 수리가 불가능할 정도로 크게 부서졌지만, 다행히 마징가제트를 조종한 쇠돌이는 무사하다고 가정해봅시다. 이 경우 쇠돌이는 제 기능을 못하게 된 마징가제트를 보며 안타까워하겠지만, 결국 마징가제트를 조종하는 곳에서 벗어나서 자신이 해야 할 다른 일을 하게 될 것입니다. 만약 육체적 죽음을 초월할 수 있는 영혼의 존재를 인정하면 인조로봇인 마징가제트는 인간과 유사한 측면이 있습니다.

　　얼마 전에 세상을 뜬 이 선생 친구를 예로 들어봅시다. 그가 살아있는 동안 쇠돌이가 마징가제트의 눈에 해당하는 부분에서 조종하듯이 그의 영혼은 그의 몸 안에서 그를 조종했습니다. 또한 그가 죽고 난 후 쇠돌이가 파괴된 마징가제트의 몸에서 벗어나듯이 그의 영혼은 자신이 머물렀던 몸을 떠났을 것입니다. 조금 전에 말했듯이 마징가제트의 경우는 쉽게 상상이 가능한 언제라도 현실화될 수 있는 가능성입니다. 어찌 보면 마징가제트는 첨단화된 전투기에 불과하고, 쇠돌이는 살아있는 인간이니까요.

　　이 선생 친구의 경우는 어떨까요? 생존 당시 그의 영혼은 그의 몸 안에 있었습니다. 따라서 그가 살아있는 동안 그의 영혼은 물질로 이루어진 다른 개체들처럼 사차원 세계의 일정한 부분에 위치하고 있었던 것입니다. 그렇다면 이

3. 11

선생 친구의 영혼은 물질로 구성된 실체인가요?

영혼이 물질일 수는 없을 것 같습니다. 만약 영혼이 물질이라면 인간은 두 종류의 물질이 밀접하게 결합되어있다가 한 종류의 물질이 죽는 순간 해체되어 홀로 존재할 수 있는 물질이어야 합니다. 또한 영혼이 물질로 구성되어있다면 영혼도 우리가 살고 있는 물리적 세계의 법칙에 존속될 수밖에 없을 것입니다. 마징가제트를 조종하던 쇠돌이는 결국에는 죽을 것입니다. 쇠돌이는 물질로 구성된 인간이니까요. 마찬가지로 영혼이 물질이라면 영혼도 우리가 살고 있는 우주의 자연법칙에 따라 변화를 거듭하고 결국에는 제 기능을 상실하고 사라질 것입니다.

중관 영혼이 물질로 구성된 실체일 수는 없을 것입니다. 현대 과학에 의하면 정신 현상을 관장하는 몸의 부분은 뇌입니다. 몸의 다른 부분으로부터 분리되면 뇌는 더 이상 살아남을 수 없습니다. 정신 현상을 관장하는 영혼이 물질로 구성되었다면 영혼은 뇌와 유사한 운명을 맞을 것입니다. 또한 영혼이 물질이라면 영혼도 자연과학의 탐구 대상이 되어야 할 것입니다.

개인적으로 영혼의 존재를 믿지 않지만 데카르트가 영혼에 대해 비교적 구체적으로 설명하려 시도했던 대표적 사람일 것입니다. 공자 앞에서 문자 쓰는 격이 될지 모르지만 데카르트는 이원론자입니다. 그에 의하면 인간은 영혼과 육체라는 전혀 다른 두 개의 실체로 구성된 존재입니다. 육체는 물질인 반면 영혼은 물리적 세계의 지배를 벗어난 비非물질로서 육체를 벗어나서도 영원히 존재하는 실체입니다.

후평   데카르트에 의하면 영혼은 연장延長(공간 속에 위치하고, 그것의 일정한 부분을 차지하는 물체의 성질)이 없습니다. 따라서 모양도 형체도 없으므로 시공간의 일부를 점유할 수 없습니다. 그러나 인간이 살아있는 동안 영혼이 인간을 조종하기 위해서는 연장이 없는 영혼은 사차원 우주 속의 일정한 곳에 위치하고 있는 물질로서의 육체에 존재하거나, 최소한 그러한 육체와 밀접한 관계를 갖고 상호작용을 해야만 합니다. 한 인간의 육체가 죽고 난 후에는 영혼은 물질인 육체에서 분리되어 어딘가에서 존재해야 합니다. 도대체 비물질인 영혼은 어디에 존재할 수 있을까요? 개인적으로, 사람이 죽고 난 후 영생하며 인식 활동과 의식 행위를 하는 영혼의 존재를 믿는 것은 화성의 지하에 우리와 같은 인간들이 살고 있는 지하 왕국의 존재를 믿는 것보다 불합리한 것으로 보입니다.

　　영혼의 존재를 인정해도 영혼에 대한 지식은 인간에게 근본적으로 차단되어있습니다. 영혼은 연장이 없는 비 물질이므로 우리는 영혼을 볼 수도, 만질 수도, 냄새를 맡을 수도,

3. 12

맛을 볼 수도 없기 때문입니다. 즉 영혼은 관찰의 대상도, 확인의 대상도 될 수 없는 근본적으로 불가지의 대상입니다.

　　우리는 과학 문명의 시대에 살고 있습니다. 최근의 과학의 발전은 경이로울 정도입니다. 정신 현상과 뇌 사이의 관계가 밝혀지기 시작했고 인간의 유전자 지도가 그려지고 있습니다. 그러나 이러한 과학 문명의 시대에도 영혼과 사후 세계에 대한 불합리하고 반이성적인 일들이 성행하고 있습니다. 전생을 알기 위해 퇴행 최면을 하거나 지성의 전당인 대학가에 늘어선 사주카페와 인터넷을 통해 운명을 점치는 것은 드물지 않게 볼 수 있는 현상입니다. 나는 이러한 일은 대부분의 경우 인간의 허약함을 이용한 사기극에 불과하다고 생각합니다. 영혼과 사후 세계가 존재한다 해도 영혼이나 천당과 같은 사후 세계는 인간의 인식 한계를 벗어난 불가지의 대상이니까요.

　　어찌 보면 영혼과 사후 세계에 대한 믿음은 인류의 역사와 함께 시작했다고 볼 수 있을 것 같습니다. 종교는 삶의 허무함을 극복하기를 바라는 인간의 욕구를 충족시키기 위한 시도라 할 수 있을 것입니다. 대부분의 종교는 육체적 죽음을 초월하는 영혼의 존재와 천당과 같은 사후 세계를 믿고 받아들입니다. 앞에서 말했듯이 근본적으로 영혼이나 사후 세계는 산 자에게는 알려질 수 없는 미지의 대상입니다. 어떤 종교를 믿건 종교인들이 가진 신앙은 지식이 아니라 그가 속한 사회와 문화 속에서 형성된 단순한 믿음에 불과합니다. 따라서 종교인은 영혼이나 사후 세계에 대한 자신의 무지를 인정하고 겸손해야 합니다. 특히 다른 사람의 믿음이나 신앙을 자신의 신앙처럼 존중해야 하고 자신의 행동이 다른 사람에게 해가 되지 않도록 행동해야 할 것입니다.

중관　선생님의 말씀처럼 과학 문명의 시대에 부조리하고 비합리적인 일들이 성행하고 있는 것은 아이러니한 현상이고 개탄스러운 일입니다.

　　선생님과 대화를 하면서 문득 얼마 전에 책에서 읽었던 이야기가 떠오르는군요. 핵심만을 요약하면 영혼과 사후 세계에 대한 믿음은 설혹 영혼과 사후 세계가 존재하지 않는다 해도 믿는 당사자에게 해가 될 수 없으므로 믿겨야 본전이니까 이들의 존재를 믿는 것이 현명한 선택이라는 것입니다.

　　선생님의 말씀처럼 영혼이나 사후 세계는 산 사람에게는 알려질 수 없는 미지의 대상입니다. 따라서 육체적 죽음은 모든 것과의 단절이고 완전한 무로 돌아가는 것이라는 저나 선생님의 생각이 가능한 것처럼 죽음을 초월할 수 있는 영혼과 사후 세계가 존재하는 것도 논리적으로 가능합니다. 삶의 허무함을 느끼는 사람들이 영혼이나 사후 세계를 믿게 되면 그들은 위안을 받을 수 있을 것입니다. 따라서 제가 읽었던 책에서의 주장처럼 비록 영혼과 사후 세계에 대해 알 수는 없을지라도 이들의 존재를 믿는 것이 현명한 선택이 아닐까요?

후평　우선 진실을 추구하는 것이 최고의 가치 중 하나이고 진실을 추구하는 것을 포기할 경우 우리의 사고나 행동은 키를 잃은 배처럼 의지할 기반을 잃게 될 것이라는 이야기를 하고 싶습니다.

　　종교는 많은 긍정적인 측면을 가지고 있습니다. 대부분의 종교에서 인정하는 죽음을 초월할 수 있는 영혼에 대한 믿음과 천당이나 극락과 같은 사후 세계에 대한 믿음은 현실의 고통과 죽음의 두려움에 시달리는 사람에게 위안을 줄 수 있을 것입니다. 또한 대부분의 건전한 종교는 이웃에 대한 사랑을 가르치고 실천하기도 합니다. 그러나 종교적인 믿음은 자신이 속한 사회와 문화로부터 자연스럽게 생겨난 소박한 신앙이어야 합니다.

　　한 사람이 이 선생이 읽은 책의 주장처럼 믿져야 본전이라는 생각에서 한 종교를 선택하여 믿기로 했다고 합시다. 그의 신앙의 기반은 취약할 수밖에 없을 것입니다. 그가 선택한 종교에 대한 그의 믿음은 종교적인 깨달음이 아니라 장사꾼과 같은 이해타산에 의한 결과이기 때문입니다. 그가 자신의 선택을 계속해서 유지하기 위해서는 취약한 자신의 신앙의 기반을 보완해줄 방법을 강구할 것이고, 결국 세 불리

기나 편 가르기가 수반된 맹목적인 믿음으로 귀결될 공산이
큽니다.

종교가 전전하고 합리적인 자기반성 없이 맹신에 의
지할 경우 종교는 인류 사회에 해악을 끼칠 가능성이 높습니
다. 수많은 인간의 생명을 앗아간 십자군전쟁이나 중동전쟁,
9·11사태 같은 것들이 대표적인 예입니다.

맹목적인 신앙을 가진 사람들이 보이는 두드러진 모
습 중 하나는 자신이 가진 신앙은 중시하는 반면, 다른 신앙
은 무시하거나 심지어는 증오의 대상으로 삼는다는 것입니
다. 수십 명의 신도 밖에 없는 종교 집단이 자신의 세를 과시
하기 위해 수천 명이 운집해도 여유 있을 만큼 큰 궁전 같은
건물을 건축하기도 하고, 다른 종교의 시설물을 방화하거나
파괴하기도 합니다.

종교적인 맹신과 관련된 사례를 하나 들어보겠습니
다. 1954년 미국에서 실제로 발생한 일입니다. 비행접시를
타고 우주를 여행하는 외계인의 존재를 믿는 미국의 한 사
이비 종교의 지도자인 매리언 키치Marian Keech는 12월 20일
에 지구가 멸망할 것이고, 자신을 따르는 신도는 지구의 멸
망 직전 외계인이 비행접시로 대피시킬 것이라 예언합니다.
종말의 순간 그녀를 믿는 신도는 가족을 포함하여 자신이 소
유한 모든 것을 포기하고 한 자리에 모여 비행접시를 기다렸
습니다. 그러나 약속된 시간이 한참 지나도 지구의 종말도

비행접시도 나타나지 않았고, 그녀를 맹신하는 신도는 혼란과 불안에 휩싸이게 되었습니다. 이때 매리언 키치는 신도의 신심에 감복해 지구를 멸하지 않기로 했다는 새로운 계시를 내리고 신도는 다시 그녀의 말을 믿게 됩니다.

합리적이고 고뇌에 찬 자기반성이 없는 맹목적인 신앙은 집단 최면과 그리 다르지 않은 것 같습니다. 맹신은 논리적이고 합리적으로 사고하는 지성의 눈을 멀게 하고 그 결과 야만적인 행동이 나타나게 합니다.

평생을 가난하고 핍박받는 사람들을 헌신적으로 돌보며 살았던 테레사 수녀도 자신의 신앙에 회의를 느껴 고뇌에 찬 말년을 보낸 것으로 알려져있습니다. 이것이 바람직한 종교인의 모습일 것입니다.

중관　저도 선생님처럼 영혼과 사후 세계의 존재를 믿지 않습니다. 제가 이들의 존재를 믿지 않는 이유는 제가 가진 건전한 상식에 어긋나고 인간을 과학적 탐구와 이해가 불가능한 신비스러운 존재로 만들기 때문입니다.

그러나 과학적으로 설명되지 않는 심적 현상이 있는 것은 엄연한 사실로 보입니다. 일부의 종교인과 심령 현상을 탐구하는 일부의 학자는 이러한 현상을 영혼과 사후 세계의 존재를 보이는 증거라 간주하고 있습니다.

후평　영혼과 사후 세계의 존재를 보이는 증거로 간주되는 현상들이 어떤 것입니까?

중관　아마존 정글에서 선교 활동을 한 퍼시 콜렛과 같은 지성을 갖춘 종교인이 자신이 체험한 사후 세계에 대해 기록하고 있습니다. 퍼시 콜렛은 아마존 정글에서 원주민을 대상으로 선교 활동과 의료봉사로 평생을 헌신한 의사입니다. 《이집트의 사자의 서》와 같은 책은 육체적 죽음 이후의 사후 세계를 다룬 고전입니다. 또한 퇴행 최면을 통한 전생체험과 빙의 현상 그리고 죽었다 살아난 사람들의 사후 세계에 대한 보고와 같은 것들이 그러한 예일 것입니다.

3. 13

후평　일부 종교인이나 소위 심령 과학자라 불리는 사이비 학자에 의해 영혼과 사후 세계가 존재한다는 증거로 제시되는 예들에 대해 개인적으로 할 말이 많습니다. 그러나 이 자리에서 그러한 혼란되고 부조리한 예들과 관련된 논란에 개입하고 싶지 않습니다. 또한 이 선생과의 장시간의 대화로 인해 피곤한 상태이기도 합니다.

　이 문제와 관련하여 한마디만 하겠습니다. 조작이나 사기극이 아니라 해도 이러한 예들은 모두 인간이 살아있는 동안에 체험한 내용이 살아있는 사람의 입을 통해 보고되고 기록된 것이라는 점입니다. 한 사람이 유니콘과 대화하는 꿈

을 꾸었다 합시다. 이 사람이 자신의 꿈을 이야기했다고 말
하는 유니콘의 존재를 입증하는 근거가 될 수 있을까요?

밤이 깊었습니다. 서울로 가는 막차를 타려면 서둘러
야 할 것 같습니다.

3. 1 《고사기》는 일본의 신화와 전설 등을 오노 야스마로太安麻呂가 겐메이 천황元明天皇의 지시로 저술한 저서로 천황가의 연대기와 계보를 기록한 《제기帝紀》와 신화와 전설을 기록한 《구사舊辭》에 있는 내용을 중심으로 712년에 편찬된 사기이다. 일본 고대문학 연구에 중요한 자료로 사용되고 있다.

　　이자나미 노미코토는 일본 창세신화에서 일본을 만든 여신으로 남신인 이자나키 노미코토의 아내이다. 인용된 부분은 3장으로 구성된 《고사기》의 2장에 서술된 것으로 이자나키가 황천국黃泉國에 가서 본, 죽은 아내인 이자나미의 시체의 모습을 서술한 것이다.

3. 2 에피쿠로스는 기원전 341년부터 270년까지 생존했던 고대 희랍의 철학자로 고통이 없는 쾌락을 주장한 쾌락주의자로 알려져 있다. 생존 시 '가든Garden'이라는 교육 공동체를 이끄는 등 비교적 활발히 활동했으나 몇 편의 편지 외에 그의 사상을 엿볼 수 있는 저작은 거의 남아있지 않다.

로마의 철학자이자 시인인 루크레이투스(BC 99?~BC 55?)는 에피쿠로스의 사상을 이어받은 대표적 인물이다. 그는 자신의 저서 《De Rerum Natura(On the Nature of Things)》에서 에피큐리안 견해를 개진하고 있다.

3. 3 인용한 부분은 메노이케우스에게 보낸 에피쿠로스의 편지 중 영어로 번역된 아래의 내용을 의역한 것이다.

so death, the most terrifying of ills, is nothing to us, since so long as we exist, death is not with us; but when death comes, then we do not exist. It does not concern either the living or the dead, since for the former it is not, and the latter are no more.

아래의 글은 메노이케우스에게 보낸 에피쿠로스의 편지 중 인용된 부분이 포함된 죽음에 대한 내용을 발췌한 것이다.

"죽음은 우리에게 아무것도 아니다"라는 믿음에 익숙해져라. 모든 좋고 나쁨은 지각에 있는데, 죽으면 지각 능력을 잃게 되기 때문이다. 따라서 "죽음이 우리에게 아무것도 아니다"라는 사실을 알게 되면, 자신도 언젠가는 죽게 될 것이라는 사실도 즐겁게 된다. 그러한 깨달음이 우리에게 살아나갈 시간을 더해주기 때문이 아니라, 영생과 불멸에 대한 바람을 제거시켜주기 때문이다. "죽음은 두려운 일이 아니다"라는 사실을 깨달은 사람은, 살아가면서 두려울 것이 없다. 따라서 "내가 죽음을 두려워하는 이유는 ,죽을 때 고통스럽기 때문이 아니라, 죽을 것이라는 예측이 고통스럽기 때문이다"라고 말하는 사람도 의미

있는 소리를 하는 것이 아니다. 죽음이 닥쳐왔을 때 고통스럽지 않은데도 죽을 것을 예측해서 미리 고통스러워하는 일은 헛된 일일 것이기 때문이다. 따라서 우리들에게 가장 두려운 것으로 여겨지는 죽음은 실은 우리에게 아무것도 아니다. 우리가 존재하는 한 죽음은 우리와 함께 있는 것이 아니고, 죽음이 왔을 때는 우리는 더 이상 존재하지 않을 것이기 때문이다. 죽음 자체는 산 자와 죽은 자 모두에게 아무런 관련이 없다. 산 자에게는 죽음이 없고, 죽은 자는 더 이상 존재하지 않을 것이기 때문이다. 많은 사람은, 죽음을 가장 큰 악이라고 생각해서 두려워하고, 다른 때에는 죽음이 삶이 만드는 악들을 제거시켜준다고 생각해서 죽음을 갈망한다. 반면 현명한 사람은 삶에서 도피하려고 하지 않고, 삶이 끝나는 것을 두려워하지도 않는다. 삶이 그에게 해를 주는 것도 아니고, 살아있지 않음이 어떤 악으로 생각되지도 않기 때문이다. 음식의 경우처럼 현명한 사람은 단지긴 삶이 아니라 가장 즐거운 삶을 원한다.

반면에 젊은 사람에게 잘 살라고 하면서 늙은 사람에게는 삶을 잘 마치라고 충고하는 것은 어리석은 짓이다. 삶 자체가 바람직할 뿐 아니라, 잘 살기 위한 행위와 잘 죽기 위한 행위는 동일한 것이기 때문이다. 아예 태어나지 않는 것이 좋다고 하면서 "태어났으면 서둘러서 죽음을 맞이하라"고 말하는 것은 더욱 나쁜 일이다. 만약 그가 확실한 믿음을 가지고 이렇게 말했다면 그 자신은 왜 죽지 않는가? 그가 확실히 죽으려고 작정했다면 길이 그에게 열려있기 때문이다. 또한 그가 장난삼아 그런 말을 했다면, 그는 서둘러 죽을 필요가 없다고 생각하는 사람들을 설득할 수 없다.

3. 4 죽음의 해악과 관련된 경험조건과 존재조건은 아래와 같이 설

명될 수 있다.

경험조건: 일정한 시간 t에 발생한 사건 Q가 인식주체 A에게 일정한 영향을 끼치려면, 인식주체 A는 시간 t에 사건 Q를 경험할 수 있어야 한다.

존재조건: 일정한 시간 t에 발생한 사건 Q가 인식주체 A에게 일정한 영향을 끼치려면, 인식주체 A는 사건 Q가 발생한 시간 t에 존재해야 한다.

경험조건과 존재조건은 한 사건이 인식주체에게 영향을 끼쳤다는 것이 성립하기 위해서는 반드시 만족되어어야할 조건으로 보인다. 한 인식주체가 간접적으로라도 일정한 사건을 경험하지 못했다면 그는 그 사건으로부터 어떠한 영향을 받은 것이라 할 수 없을 것이기 때문이다. 또한 일정한 사건이 발생한 순간에 한 인식주체가 존재하지 않는다면 그 사건은 그에게 어떤 영향도 끼친 것이 아니다. 영향을 입은 당사자가 존재하지 않기 때문이다.

죽음이라는 사건을 경험조건과 존재조건에 적용하면 죽음은 두 조건을 모두 만족시킬 수 없다는 것은 명백하다. 살아있는 동안은 죽음이 발생한 시간인 t 이전이므로 죽음이라는 사건을 경험할 수 없고, 죽음이 발생한 시간인 t 이후인 죽은 후에는 죽음이라는 사건을 경험하고 영향을 받을 당사자가 존재하지 않는다.

3. 5 건전한 연역논증은 타당하고 전제들이 실제로 참인 논증이다. 죽음은 죽는 당사자에게 나쁜 것이 아니라는 에피큐리언 견해

를 이끌어낸 추론은 아래의 논증으로 정리될 수 있다.

죽음이 죽는 당사자에게 해악을 끼친다면 죽음의 해악은 죽
는 당사자가 살아있는 동안이나 죽은 이후에 발생해야 한다.

죽음의 해악은 죽는 당사자가 살아있는 동안에 발생할 수
없다(죽음이라는 사건이 발생하지 않았으므로).

죽음의 해악은 죽는 당사자가 죽은 이후에는 발생할 수 없
다(죽음의 해악을 입을 당사자가 존재하지 않으므로).

죽음은 죽는 당사자에게 해악을 끼치지 않는다.

앞의 논증은 타당한 논증이다. 따라서 전제들이 실제로 참
이라면 결론도 반드시 실제로 참이다. 따라서 에피큐리언 견해
를 반박하기 위해서는 전제들 중 적어도 하나가 실제로 참이 아
니라는 것을 보여야 한다.

3. 6 중관이 주장하는 '죽음은 죽는 당사자가 소유한 욕망들을 좌절
시킬 것이므로 나쁘다'는 견해는 윌리엄스의 욕망 좌절론을 나
타낸 것이다.

윌리엄스에 의하면 우리가 소유한 욕망은 욕망을 가진 당사
자가 살아있음에 조건적인 욕망과 범주적인categorical 욕망으로
나눌 수 있다. 살아있음에 조건적인 욕망은 살아있을 경우 잘
대접 받기를 바라는 것과 같이 살아있음이 욕망이 성립하기 위
한 기본 조건이 되는 욕망이고 범주적인 욕망은 가족을 이루거
나 좋은 책을 쓰기를 원하는 것과 같은 개인적 욕망이나 기아와
폭력이 사라진 세상을 원하는 것과 같은 초개인적 욕망 등이다.

개인적인 범주적 욕망은 계속해서 살기를 원한다는 것을 전

제하고 있다고 할 수 있다. 계속해서 살지 못한다면 그러한 욕망은 실현될 수 없을 것이기 때문이다. 윌리엄스에 따르면 죽음은 개인적인 범주적 욕망을 좌절시키므로 나쁘다.

3. 7 죽음은 죽는 당사자가 소유한 욕망을 좌절시키므로 나쁜 것이라는 윌리엄스의 욕망 좌절론을 반박하는 후펑의 논리는 욕망의 좌절이 언제 발생한 것이냐에 초점이 맞추어져있다. 후펑에 의하면, 살아있는 동안에는 그가 살아있으므로 욕망이 좌절된 것이 아니고, 그가 죽은 이후에는 욕망의 좌절을 겪을 당사자가 존재하지 않는다.

　　욕망 좌절론을 옹호하는 피셔G. Pischer나 파인버그J. Feinberg 같은 철학자들은 욕망의 좌절로 인한 죽음의 해악이 욕망을 형성한 시점이나 그러한 욕망이 당사자의 관심사가 된 시점인 죽는 당사자가 살아있는 동안에 발생한다고 주장하고 있다.

3. 8 일정한 사건이 한 인식 주체에게 경험되지 않았을 경우에도 그 당사자에게 나쁜 것일 수 있다는 것을 보임으로써 경험조건은 죽음이 나쁜 것이기 위한 필수조건이라는 것을 반박하기 위한 많은 예가 네이글Thomas Nagel, 파인버그, 노직Robert Nozick 같은 철학자들에 의해 제시되었다. 여기서 제시되는 예는 그러한 예들 가운데 하나이다.

　　그러나 뒤에서 언급되듯이 이러한 예들과 죽음과는 근본적인 차이가 있다. 이러한 예들의 경우에는 비록 당사자가 실제로 경험하지는 못했지만 최소한 경험할 가능성이 있고, 죽음의 경우에는 근본적으로 경험할 가능성조차 없다.

3. 9 죽음은 죽지 않았으면 누렸을 행복을 박탈하므로 죽는 당사자

에게 나쁜 것이라는 박탈론을 주장하는 대표적 철학자가 네이글이다. 비교적 최근에 펠드먼Fred Feldman이 〈Some Puzzles About the Evil of Death〉라는 논문에서 박탈론의 흥미로운 한 버전을 제시했다. 그는 가능세계 의미론을 이용하여 당사자가 존재하느냐의 여부에 상관없이 일정한 사태는 당사자에게 나쁠 수 있다고 주장하고 있다.

3. 10 죽음은 죽지 않았으면 누렸을 행복을 박탈하는 것이므로 나쁘다는 박탈론의 주장에 따르면 일정한 시간에 태어남은 보다 일찍 태어났으면 누렸을 행복을 박탈한 것이므로 나쁘다고 해야 할 것이라는 박탈론을 반박하기 위해 사용된 논증으로 죽음에 대한 대칭이론이라 한다. 죽음에 대한 대칭이론은 죽음은 죽는 당사자에게 나쁘지 않다는 자신의 견해를 정당화하기 위해 에피쿠로스에 의해 사용되었고 그의 제자 루크레티우스에 의해 정리되었다.

죽음의 대칭이론에 대해 부룩크너A. Brückner와 피셔 등은 죽음 이후와 태어남 이전에 대해 비대칭적인 견해를 갖는 것은 지극히 당연하다고 주장한다. 이들에 의하면 우리가 과거의 행복이나 고통보다는 현재와 미래의 행복이나 고통에 관심을 갖는 것은 합리적이고 지극히 당연하다. 따라서 이들은 죽음의 대칭성에 의해 박탈론을 반박하는 것은 정당화될 수 없다고 주장한다.

3. 11 저자가 어린 소년 쇠돌이가 조종하는 로봇인 마징가제트의 예를 든 것은 쉽게 설명되지 않거나 이해되기 힘든 현상을 접할 때 보이는 인간의 태도를 비유적으로 설명하기 위해서다. 컴퓨터는 놀라운 계산 능력을 갖고 있다. 만약 원시인이 컴퓨터

의 놀라운 계산 능력을 접하게 된다면 그는 컴퓨터의 혼이 이러한 능력을 행사하는 주체라 생각할지 모른다. 그러나 컴퓨터를 접하고 있는 과학 문명의 시대에 살고 있는 우리는 누구도 컴퓨터 자체가 이러한 놀라운 계산 능력을 소유하고 있다는 것을 의심하지 않는다.

인간은 사고행위와 같이 감각기관을 통해 확인될 수 없는 정신적 행위를 하고 있고, 이에 따라 물질적이라 할 수 없는 정신적 현상들이 나타난다. 인간이 보이는 정신적 현상을 설명하는 방식도 컴퓨터의 경우와 같이 두 가지로 나누어 생각할 수 있다. 하나는 정신적 현상을 보이는 인간 자체가 그러한 정신적 행위를 하는 주체라 생각하고 그 관계를 탐구하려는 자세이고, 다른 하나는 영혼과 같은 새로운 신비한 실체를 가정하여 그 신비한 실체가 정신적 행위나 현상을 보이는 주체로 간주하는 방식이다.

첫 번째 방식에서는 인간과 정신 현상 사이의 관계가 탐구될 기초가 확보될 수 있고, 실제로 현대과학은 둘 사이의 관계에 대한 탐구에 놀라운 성과를 이루고 있다. 반면에 두 번째 방식은 과학적 탐구의 가능성을 확보할 수 없는 방식이고, 컴퓨터에 대해 원시인이 보인 태도라 할 수 있다. 이러한 방식에서는 과학적 탐구의 대상이 될 수 있는 인간의 문제가 근본적으로 설명될 수 없는 신비의 영역에 속하는 것으로 취급될 수밖에 없다.

3. 12 한 인간을 그 인간이라 할 수 있는 본질적 주체로 영혼을 간주하면 우리는 어제의 내가 오늘의 나와 동일한 한 사람이라는 것도 확인할 수 없다. 영혼은 비 물질이므로 근본적으로 지각의 대상이 될 수 없고 따라서 인간에게는 어제의 내 영혼과 오

늘의 나의 영혼을 비교할 길이 근본적으로 차단되어있는 셈이기 때문이다.

영혼을 받아들이는 사람들은 시간의 경과 속에서 동일한 육체를 가지고 있고 일관되고 유사한 정신 현상을 보이는 것을 동일한 영혼을 소유한 것을 보이는 증거로 간주될 수 있다고 암묵적 믿고 있는 것으로 보인다. 그러나 시간 속에서 동일한 육체를 보유하고 있고 일관되고 유사한 정신 현상을 보인다는 사실은 시간 속에서 동일한 하나의 영혼이 관계하고 있다는 증거로 간주될 수 없다. 전자가 후자를 위한 증거이기 위해서는 전자와 후자를 모두 확인할 수 있어야하는데, 전자는 관찰될 수 있고 확인될 수 있는 반면에, 후자인 영혼은 근본적으로 우리의 지각 능력의 한계를 벗어나 있기 때문이다.

영혼의 동일성으로 개인 동일성을 설명하려는 시도의 한계를 페리John Perry가 초콜릿의 예를 이용해 적절히 설명하고 있다. 고급 초콜릿의 경우 겉의 모양에 따라 내용물이 다르다. 일정 회사에서 출시되는 초콜릿을 많이 먹어본 사람의 경우 일정한 무늬와 모양을 가진 초콜릿의 내용물이 무엇인지를 초콜릿을 먹어보지 않고도 알 수 있다. 그러나 이것이 가능한 이유는 그가 이전에 그 회사에서 나오는 초콜릿을 많이 먹어보아 초콜릿 겉의 모양과 내용물 사이의 관계를 확인할 수 있었기 때문이다. 영혼의 경우는 초콜릿과 근본적으로 다르다. 영혼은 비물질이므로 인간에게는 근본적으로 영혼을 확인할 길이 차단되어있기 때문이다.

3. 13   의사로 아마존 정글에서 의료봉사와 선교 활동을 해온 의사이자 종교인인 퍼시 콜렛Percy Collett은 《내가 본 천국》(1987)이라는 책에서 1982년에 5일 반 동안 육신을 빠져나온 자신의 영

혼이 목격한 천국에 대해 서술하고 있다.

《이집트 사자死者의 서書》는 고대 이집트 시대 관 속에 미
이라와 함께 매장된 사후 세계에 대한 안내문의 역할을 했던
고서다. 주로 파피루스나 피혁 등에 상형문자로 기록된 것인
데 고대 이집트의 문화와 역사 연구에 귀중한 자료로 사용되
고 있다.

———

영혼은 존재하는가

영혼이나 사후 세계가 실제로 존재한다는 주장은
안드로메다에 생명체가 존재한다는 주장보다 더 비합리적이고
비이성적이라 생각됩니다.
후자는 우리가 사는 우주 속에 존재하느냐의 여부에 관한 것이므로
만약 광속으로 나는 우주선이 개발되면 관찰할 수 있는
최소한의 가능성이 열려있다고 할 수 있지만
전자의 경우인 사후 세계나 영혼은 비물질이므로
근본적으로 관찰의 대상이 될 수 없으니까요.

중관   오늘은 며칠 전 전화상으로 말씀드렸던 친구와 함께 왔습니다. 막역한 고향 친구인 개심 선생은 마음 수련을 목적으로 하는 한 비영리 단체에서 핵심적인 역할을 맡고 있습니다.

후평   환영합니다. 하시는 일이나 모습으로 보아 범상치 않은 분인 것 같습니다. 오늘의 대화는 개심 선생님 덕분에 활기를 띨 것 같습니다.

개심   지난번 중관과 만났을 때 선생님과의 대화에 대해 듣게 되었습니다. 다루는 내용이 제 관심사여서 실례를 무릅쓰고 같이 오게 됐습니다. 중관의 말에 따르면 선생님은 사후 세계와 영혼의 존재를 부정하는 반종교적인 입장이십니다. 그러나 저는 사후 세계와 영혼이 존재한다는 것을 확신하고 있습니다. 저와 선생님은 사후 세계와 영혼의 존재와 관련해 정반대의 입장에 서있는 것으로 보입니다.

후평   오해의 소지를 없애기 위해서 내 입장을 명확히 할 필요가 있을 것 같습니다. 끊임없이 반성하고 고뇌하며, 자신의 종교적 믿음에 대해 겸손한 태도를 가진 소박한 신앙일 경우 종교를 갖는 데 반대하지 않습니다. 건전한 종교 생활은 인간의 삶에 긍정적인 역할을 하는 것으로 보입니다. 제가 반대하는 것은 자신이 믿는 것을 광신하고 맹신하며, 다른 믿음에 대해 적대적이고 오만한 태도를 가진 일부 종교인입니다.

이 선생에게 이미 이야기했듯이 영혼이나 사후 세계 같은 종교적 대상에 대한 신앙이 아무리 확고하다 해도 그것은 하나의 믿음일 뿐 지식이 될 수 없습니다. 영혼이나 사후 세계가 비물질로 간주되는 한 사차원의 세계인 우주 속에 존재할 수 없으므로 근본적으로 불가지의 영역에 속할 것이기 때문입니다.

질문을 하나 하겠습니다. 만약 내가 안드로메다 성운에 속해있는 한 행성에 눈이 50개이고 다리가 100개인, 문어와 흡사한 모습으로 하늘을 초고속으로 나는 생명체가 있다고 하면 내 말을 믿으시겠습니까?

중관   안드로메다 성운에 행성들이 있다 해도 그 안에 존재하는 것들을 관찰하는 것은 현대과학의 수준으로는 불가능합니다. 또한 선생님은 어떠한 근거나 설명도 없이 안드로메다 성운의 괴 생명체를 언급하고 있는 것에 불과합니다.

후평   안드로메다 성운의 한 행성에서 하늘을 나는 생명체는 생각나는 대로 멋대로 상상한 것에 불과합니다. 이 선생처럼 나도 그러한 생명체의 존재를 인정하지 않습니다. 만약 한 사람이 내 말을 신뢰하여 안드로메다 성운에 하늘을 나는 생명체가 있다고 주장한다면, 우리는 그 사람을 비이성적이고 비합리적인 사람으로 취급할 것입니다.

그러나 논리적인 측면에서 고려하면 그러한 생명체가 존재할 가능성은 있습니다. 안드로메다에 존재하는 문어를 닮은 생명체가 명백한 논리적 모순을 야기할 것 같지는 않으니까요. 또한 안드로메다 성운에는 그러한 생명체가 존재하지 않음을 입증하는 것도 불가능합니다. 안드로메다 성운에 4.1 그러한 생명체가 존재하지 않는다는 것을 보이기 위해서는 안드로메다 성운에 존재하는 모든 행성을 찾아내어 이들 모두에 그러한 생명체가 없다는 것을 보여야 하는데 이것은 과학적으로 불가능하기 때문입니다.

마찬가지로 우리가 살고 있는 우주라는 사차원 세계에 속하지 않는 비물질로서의 영혼이나 사후 세계는 논리적으로는 가능할 것입니다. 그러나 물리적으로 불가능하고 형이상학적으로도 불가능할 것입니다. 안드로메다의 생명체처럼 영혼이나 사후 세계가 존재하지 않는다는 것도 입증될 수 없습니다. 인간의 인식이나 관찰이 가능한 것은 사차원의 세계 속의 대상에 국한될 것이고 따라서 영혼이나 사후 세계는 근본적으로 미지의 대상이니까요.

영혼이나 사후 세계가 실제로 존재한다는 주장은 안드로메다에 생명체가 존재한다는 주장보다 더 비합리적이고 비이성적이라 생각됩니다. 후자는 우리가 사는 우주 속에 존재하느냐의 여부에 관한 것이므로 만약 광속으로 나는 우주

Francisco de Zurbarán, 〈Meditierender Hl. Franziskus mit Totenschädel〉(c. 1658)
Oil on canvas, 64×53cm, Alte Pinakothek, München

선이 개발되면 관찰할 수 있는 최소한의 가능성이 열려있다
고 할 수 있지만, 전자의 경우인 사후 세계나 영혼은 비물질
이므로 근본적으로 관찰의 대상이 될 수 없으니까요.

개심   천국과 같은 사후 세계와 육체적 죽음 이후에도 살아남는 영혼에 대한 믿음은 보편적인 현상입니다. 전 인류의 반 이상이 사후 세계와 영혼의 존재를 믿는다고 해도 과언이 아닐 것입니다. 역사적으로 봐도 예수와 마호메트 같은 사대 성인이나 저명한 과학자를 포함하여 위대한 지성들이 사후 세계와 영혼을 믿었고 이들이 존재한다고 주장하고 있습니다.

구체적인 예를 하나 들어 보겠습니다. 천국에 대한 책 을 저술한 스베덴보리Emanuel Swedenborg는 처음에는 철학을 공부했지만, 《원리론Principia》(1734)이라는 우주에 대한 연구서를 출간하기도 했고, 해부학에도 능통했던 과학자입니다. 1688년에 루터교 주교의 아들로 태어난 그는 철학과 과학의 연구에 몰두하던 시기인 18세기 중반에 신비한 영적 체험을 통해 종교적인 계기를 맞게 되고, 이후 죽기 전까지 30여 년에 걸쳐 영성 신학자로서의 삶을 살게 됩니다. 《천국과 지옥》(1758)은 이 기간 중 스베덴보리가 직접 보고 체험한 천국과 지옥의 모습을 기록한 책입니다. 이 책은 20여 개 언어로 번역되었고, 괴테와 헬런 켈러도 이 책의 애독자였습니다. 스베덴보리는 과학자로서 그리고 신학자로서 진지하고 성실한 삶을 살았던 사람입니다. 만약 《천국과 지옥》이 스베덴보리가 직접 체험했다고 확신하는 천국과 지옥에 대한 보고라면, 최소한 이 책은 사후 세계와 영혼의 존재를 보이는 단서로 간주될 수 있지 않을까요?

후평   논의를 쉽게 하기 위해 천국 같은 사후 세계와 영혼이 존재한다고 가정합시다. 스베덴보리는 《천국과 지옥》에서 자신이 체험한 사후 세계의 모습을 기록하고 있습니다. 그런데 스베덴보리의 사후 세계에 대한 체험은 어떤 체험일까요?

개심   그는 자신의 체험을 영적 체험이라고 주장합니다.

후평   우주라는 사차원 세계 안에서 일어나는 현상에 대한 체험은 눈과 귀와 같은 감각기관에 필수적으로 의존해야 합니다. 영혼이 존재한다 해도 우리에게 감각기관이 없다면 우리가 살고 있는 우주 속 개체들과의 접촉은 불가능할 것입니다. 외부 세계와의 일차적인 접촉은 감각기관을 통해 이루어지고 영혼은 감각기관을 통해 받아들여진 지각 내용을 파악하는 역할을 할 테니까요. 사후 세계가 존재한다 해도 그 곳은 우리가 살고 있는 우주라는 사차원의 세계 속은 아닐 것입니다. 만약 사후 세계가 광활한 우주 속의 어딘가에 예를 들어 안드로메다 성운 같은 곳에 존재한다면 사후 세계도 변화, 운동 그리고 인과관계로 얽힌 자연과학의 법칙에서 자유롭지 않을 테니까요. 따라서 사후 세계에 대한 스베덴보리의 체험은 영적인 체험 즉 그의 영혼에 의한 체험이어야 합니다. 영혼은 비물질이므로 눈도 없고 귀도 없습니다. 지각되고 느낀 내용을 파악할 뿐 외부 세계와 접촉할 길이 근본적으로 차단되어있습니다. 결국 스베덴보리의 체험은 우리의 일상적인 체험과 근본적으로 다른 체험입니다.

우리의 뇌는 엄청난 능력을 발휘합니다. 주어진 정보들을 정리하고 사용하여 여태까지 몰랐던 사실을 밝혀내기도 하고, 무한한 상상력을 펼쳐 환상적이고 아름다운 이야기를 꾸며내기도 합니다.

이 선생이나 개심 선생께서도 〈몽유도원도夢遊桃源圖〉를 아시겠지요?

중관　세종 때 화원이었던 안견의 작품 아닙니까? 교과서에도 실린 그림으로 알고 있습니다.

후평　조선 시대 4대 화가 중 하나인 안견의 대표작이라 할 수 있습니다. 이 선생은 혹시 이 그림이 무엇을 그린 것인지 알고 있습니까?

중관　왜 갑자기 그림 이야기를 하시는지 모르겠습니다. 세종의 셋째 아들인 안평대군이 꿈에서 본 무릉도원을 그린 것으로 알고 있습니다.

후평　꿈속에서 안평대군은 박팽년과 함께 깊은 골짜기와 수십 그루의 복숭아나무가 있는 큰 산 아래에 도착하게 됩니다. 산속의 오솔길을 한참 걷다보니 여러 갈래로 길이 나누어진 곳에 도달하고, 이곳에서 한 사람을 만나게 되는데 그 사람이 도원으로 가는 길을 가르쳐주어 최항, 신숙주와 함께 그곳을 구경하게 됩니다. 꿈에서 깨어난 후 안평대군은 꿈에서 본 것이 너무 인상적이고 생생하여 안견에게 자신이 본 것을 자세히 설명했고, 안견이 안평대군의 설명에 따라 3일에 걸쳐 완성한 그림이 〈몽유도원도〉입니다. 안견에게 무릉도원의 모습을 자세히 묘사할 수 있을 정도로 안평대군의 꿈은 생생하고 인상적이었습니다. 영혼의 독립적인 존재를 인정한다면 무릉도원을 본 안평대군의 꿈은 영혼의 체험이라 할 수 있습니다.

개심 선생에게 묻겠습니다. 안평대군의 영적 체험이라 할 수 있는 무릉도원의 꿈이 꿈에서와 같은 무릉도원이 실제로 존재한다는 증거로 간주될 수 있을까요?

개심 안평대군의 꿈은 아마도 과거에 그가 실제로 보았던 어느 경치 좋은 복숭아밭에 대한 기억과 같은 것들로부터 안평대군이 자신의 꿈속에서 만들어낸 것에 지나지 않을 것입니다.

후평 안평대군이 꿈에서 본 것과 유사한 무릉도원이 실제로 존재한다 해도 안평대군의 꿈은 그 무릉도원의 존재를 보이는 증거로 간주될 수 없을 것입니다. 그는 무릉도원을 실제로 본 적이 없으므로 그의 꿈은 그의 과거의 기억들로부터 만들어낸 거짓 영상에 불과할 뿐 무릉도원과 어떠한 인과적 관계도 가질 수 없기 때문입니다.

개심 선생의 말처럼 스베덴보리는 성실하고 진지한 과학자이자 종교인입니다. 나도 스베덴보리가 그의 책에서 묘사하고 있는 사후 세계의 모습을 인위적으로 조작했다고 생각하지는 않습니다. 아마도 그는 열심히 기도하는 중에 사후 세계의 모습을 보고, 느꼈을 수 있습니다. 그러나 아까도 말했듯이 영혼은 눈과 귀가 없으므로 외부 세계와 직접 접촉할 수단이 없습니다. 따라서 그가 본 사후 세계의 모습은 영혼의 만들어낸 환상이나 환각에 불과할 것입니다.

한쪽은 보았다고 생각하는 대상이 존재한다는 것을 확신하고 있고 다른 쪽은 그렇지 않다는 것을 제외하면, 스베덴보리의 영적 체험은 안평대군의 꿈과 별반 다를 것 같지 않습니다. 아마도 그의 영적 체험은 안평대군의 경우처럼 천국과 지옥에 대한 그의 종교적 지식이나 신념으로부터 그의 정신이 만들어낸 산물에 불과합니다.

개심 선생님께서는 진솔한 종교인이 겪는 영적 체험을 허황된 꿈이나 환상과 동일한 것으로 취급하고 계십니다. 영혼이 비물질이라면 영혼은 우리의 감각기관을 통해서 파악될 수는 없을 것입니다. 그러나 나는 영혼의 존재를 느끼고 있고, 육체적 죽음 이후에도 존속할 수 있는 영혼이 존재한다는 것을 확신하고 있습니다. 또한 이 세상에는 영혼의 존재를 인정해야만 설명될 수 있는 현상이 엄연히 존재하고 이러한 현상들은 영혼이 존재한다는 것을 간접적으로 시사하는 증거로 간주될 수 있을 것입니다. 선생님께서는 브리디 머피에 대해 알고 계십니까?

후평 퇴행 최면을 통해 알게 된, 한 사람의 전생에서의 이름으로 알고 있습니다.

개심 브리디 머피의 경우는 전생과 환생을 밝힌 대표적인 사례입니다.

4. 3   1952년에 미국의 아마추어 최면술사인 모리 번스타인은 콜로라도에 사는 25세의 가정주부 버지니아 타이에게 최면을 걸었습니다. 이 최면을 통해 현생의 그녀가 태어나기 이전인 전생에도 그녀의 영혼이 존재했다는 놀라운 사실이 밝혀졌습니다. 모리 번스타인은 퇴행 최면이라는 방법을 이용해 최면에 걸린 버지니아를 전생으로 보낼 수 있었습니다. 최면 상태에서 그녀는 한번도 가 본적이 없는 아일랜드의 억양으로 자신의 전생에 대해 말하기 시작했습니다. 그녀의 전생에서의 이름은 브리디 머피이고 1798년에 아일랜드의 코

크Cork에서 변호사 아버지인 둔칸 머피의 딸로 태어났습니다. 이후 머피는 17세에 션 브라이언 맥카시Sean Brian McCarthy와 결혼하여 벨파스트Belfast로 이사가게 되고 1864년에 낙상으로 죽게 됩니다.

버지니아 타이는 1923년에 태어났으므로 결국 브리디 머피는 그녀가 아일랜드에서 죽은 후 59년 만에 미국에서 다시 태어난 셈입니다. 브리디 머피의 사례는 모리 번스타인에 의해 《브리디 머피에 관한 연구The Search for Bridey Murphy》(1956)라는 제목의 책으로 발표되어 세간에 알려졌고, 정신의학자나 심리학자들이 그녀의 전생 회상을 연구하게 되었습니다. 학자들의 연구에 의하면 브리디 머피가 살았던 당시의 아일랜드의 모습과 그곳 사람들의 생활상에 대한 그녀의 묘사는 생생하고, 놀라울 정도로 정확했습니다. 심지어 그녀는 자신의 장례식 광경과 자신이 묻힌 묘지에 세워진 비석의 모습도 생생하게 묘사하고 있었습니다.

브리디 머피의 전생 회상은 실제로 미국에서 있었던 사건입니다. 당대의 저명한 철학자 헉슬리Aldous Huxley를 포함하여 많은 학자들이 브리디 머피의 사례를 연구했으며 《브리디 머피에 관한 연구》는 30개 이상의 언어로 번역되었고 수백만 부가 팔렸습니다. 조금 전에 말씀드렸듯이 미국 중서부에서 태어난 버지니아 타이는 아일랜드 환경을 접할 기회도, 아일랜드에 가본 적도 없는, 콜로라도의 작은 도시에서 살고 있던 평범한 가정주부입니다. 또한 모리 번스타인에 의해 6년에 걸쳐 실시된 퇴행 최면을 통한 전생에 대한 그녀의 진술은 모두 그녀 자신의 육성으로 녹음되었고 전문 과학자들에 의해 연구 검토되었습니다. 따라서 브리디 머피의 사례가 인위적으로 조작된 것이라 할 수는 없을 것입니다. 그렇다면 브리디 머피는 1864년에 아일랜드에서 육체적인 죽음을 맞은 지 59년 만인 1923년에 미국에서 버지니아 타이로 다시 태어난 것이라 해야 할 것입니다. 결국 브리디 머피는 상이한 시·공간에서 한 번은 브리디 머피로 또 한 번은 버지니아 타이로 두 번의 삶을 산 것입니다.

59년이란 시간적 공간을 넘어 상이한 두 삶을 산 주체는 무엇일까요? 브리디 머피의 육체는 아닐 것입니다. 1864년에 그녀의 육체는 그 기능을 상실하고 흙으로 돌아갔을 것이고 그녀의 육체는 1923년에 미국의 중서부에서 태어난 버지니아 타이와 어떤 인과적 관계도 가질 수 없을 것이기 때문입니다.

브리디 머피의 사례를 설명할 수 있는 유일한 방법은 육체적 죽음 이후에도 존속할 수 있는 영혼과 같은 정신적 실체를 상정하는 것입니다. 기억과 같은 정신적 능력을 관장하는 영혼이 육체와 독립적으로 존재할 수 있다면, 브리디 머피의 경우 1864년까지 브리디 머피의 몸에 존재하던 하나의 영혼이 머피가 죽은 후 그녀의 몸과 분리되어 존재하다가

1923년부터 버지니아 타이의 몸에 다시 존재하게 되었다고 할 수 있습니다.

후평 개심 선생의 말씀을 들으니 대학교 때 일이 생각나는군요. 대학 2학년 때인 것 같은데 모리 번스타인의 《브리디 머피에 관한 연구》를 우리말로 번역한 책의 영향을 받아 최면을 배운 적이 있을 정도로 이 사건에 관심을 갖게 되었습니다.

당시 나는 불교에 관심을 갖고 있었는데, 정신병리학자인 스티븐슨을 포함하여 많은 사람이 브리디 머피의 사례를 윤회나 환생의 증거로 간주하였습니다. 심지어 불교 조계종의 종정이었던 청담 스님도 자신의 수상록에서 윤회를 보이는 직접적인 사례로 브리디 머피의 경우를 거론하고 계십니다.

개심 선생이나 스티븐슨과 같은 일부 학자의 주장처럼 1864년에 죽은 브리디 머피가 버지니아 타이로 실제로 환생한 것이고, 따라서 최면 중 버지니아 타이의 브리디 머피와 관련된 진술이 브리드 머피가 실제로 겪은 경험의 기억에 대한 보고라면 브리디 머피의 사례는 영혼과 같은 정신적 실체가 존재한다는 증거로 간주될 수 있을 것으로 보입니다. 그러나 이것이 성립하려면 최면 상태에서 묘사한 그녀의 전생이 실제로 존재했던 사건이어야 합니다.

워낙 세간의 관심을 끌었던 사건인지라 《브리디 머피

에 관한 연구〉가 발간된 이후 브리디 머피의 사례는 언론단체들이 아일랜드에 파견한 기자들에 의해 철저히 조사되었고 그 결과 새로운 사실이 들어나게 되었습니다. 19세기 아일랜드의 모습이나 그곳 사람들의 생활상에 대한 그녀의 묘사는 비교적 정확한 것이었습니다. 그러나 그녀가 전생의 브리디 머피가 환생한 것이라는 것을 의심할 만한 결정적인 반대 증거들이 발견되었습니다. 몇 가지만 말하겠습니다. 그녀의 진술에 따르면 브리디 머피는 1798년에 코크에서 태어나서 1864년에 죽었는데 그녀의 출생과 사망에 대한 어떤 기록도 찾을 수 없었으며, 브리디 머피가 코크의 한 목조 집에서 살았다고 했으나 당시 아일랜드의 주택 대부분 돌이나 벽돌로 지어진 집이었습니다. 또한 그녀는 성 테레사st. Theresa 교회에 갔던 경험을 이야기하고 있으나 그 교회는 브리디 머피의 사후인 1911년 세워졌습니다.

브리디 머피의 사례를 합리적으로 설명할 수 있는 단서는 버지니아의 고향인 시카고에서 버지니아의 어릴 적 행적들을 조사한 〈시카고 아메리칸〉 신문사의 한 기자에 의해 발견되었습니다. 그 기자는 시카고에서 10대의 버지니아 타이가 5년간 살았던 아파트의 건너편 주택에 살고 있는 코크웰 부인을 찾아낼 수 있었습니다. 코크웰 부인은 아일랜드 이주민이었는데, 10대의 버지니아는 코크웰 부인의 아일랜드 배경을 좋아했던 것으로 보입니다. 그런데 놀랍게도 코크웰 부인의 결혼 전 이름은 브리디 머피 'Bridey' Murphy와 매우 유사한 브리디 머피 'Bridie' Murphy였습니다. 또한 버지니아 타이는 노르웨이 출신의 삼촌과 아일랜드 혈통이 섞인 숙모에 의해 양육되었고 세 살까지 그녀를 키운 친부모 모두 부분적으로 아일랜드 혈통이라는 것이 밝혀졌습니다.

중관 결국 버지니아 타이의 전생에 대한 진술은 아일랜드와 관련된 자신의 어릴 적 경험에 대한 기억의 편린을 짜맞추어 낸 것이라 할 수 있겠네요.

후평 그렇습니다. 브리디 머피의 사례를 철저히 연구한 대부분 과학자의 결론은 브리디 머피의 사례는 전생에 대한 기록이 아니라 버지니아 타이의 오랫동안 잊고 있었던 기억들로 설명될 수 있다는 데 일치하고 있습니다. 안평대군의 꿈에서처럼 인간의 두뇌는 경험을 통해 자신의 뇌에 새겨진 기억의 조각들을 조작하고 결합하는 뛰어난 능력을 갖고 있습니다. 브리디 머피의 사례도 자신의 뇌에 잠재되어있던 아일랜드에 관한 기억의 조각들로부터 구성 되었다고 보는 편이 합리적이고 건전한 판단일 것입니다.

개심 중관의 말처럼 선생님의 논고는 정확하고 논리적입니다. 그러나 선생님의 생각은 지나치게 과학적이고 경험적인 면으로 치우쳐있는 것 같습니다. 제 생각으로는 브리디 머피의 사례를 설명할 수 있는 방법이 최소한 두 가지는 있을 것으로 보입니다. 첫째는 버지니아 타이의 어릴 적 기억으로부터 만들어낸 것이라는 선생님의 설명 방법이고, 다른 하나는 영혼과 같은 정신적인 실체의 존재를 인정하는 것입니다. 후자는 최소한 전자만큼 명료하고 간단한 설명 방식입니다. 또한 대부분의 종교인을 포함하여 전 인류의 절반 이상이 영혼의 존재를 믿고 있고 따라서 최소한 이들에게는 가장 설득력 있는 설명방식일 것입니다.

4. 4   선생님도 아시겠지만 고대 희랍 철학자들을 포함하여 많은 철학자는 영혼의 존재를 믿고 있습니다. 티베트의 밀교 경전인 《티베트 사자의 서》에서는 인간이 죽은 후 49일 동안 영혼이 겪게 되는 과정을 다루고 있습니다. 또한 영혼의 존재를 받아들여야만 설명될 수 있는 빙의 현상 등은 과학 만능의 시대인 현대에서도 쉽게 찾아볼 수 있는 현상입니다.

브리디 머피를 찾아서

후평 일정한 현상에 대한 설명이 설명으로서의 설득력을 가지려면 설명에 의해 그 현상이 어떻게 발생하게 되었는가에 대한 합리적인 이해가 가능해야 합니다. 브리디 머피의 사례를 연구한 과학자들의 설명은 이러한 이해를 제공합니다. 반면에 영혼을 상정함에 의해 브리디 머피의 사례를 설명하는 것은 이러한 이해를 제공할 수 없습니다. 영혼을 상정함에 의해 브리디 머피의 사례를 해석하는 것은 설명이 아니라 기억을 관장하는 정신적인 주체로서 영혼이 존재한다는 믿음을 주장하는 데 불과합니다. 앞에서 언급했듯이 영혼을 비 물질로 간주하는 한 영혼은 우리의 인식 대상이 될 수 없는 미지의 대상일 것이기 때문입니다.

브리디 머피의 사례가 영혼의 존재를 시사하는 사례로 간주되려면 타이가 회상한 브리디 머피로 살았던 전생이 실제로 존재했던 전생이어야 합니다. 그러나 이미 말씀드렸듯이 버지니아 타이의 진술은 자신의 어릴 적 기억으로부터 만들어진 것이라는 것이 이 사례를 조사한 전문가들의 일치된 결론입니다.

개심 선생의 말처럼 전 인류의 절반 이상이 영혼의 존재를 믿고 있을 수 있습니다. 그러나 그들은 영혼의 존재를 단순히 믿고 있을 뿐 영혼의 존재를 알고 있는 것이 아닙니다. 아마도 그들의 대부분은 영혼의 존재를 믿는다고 주장할 뿐 자신의 믿음에 대한 근거도 아니 영혼이 무엇인지에 대해 생각해 본 적이 없을 지도 모릅니다.

개심 선생은 14세기에 발견된 티베트의 밀교 경전인 《티베트 사자의 서》와 빙의 현상을 영혼의 존재를 시사하는 근거로 제시하고 있습니다. 그러나 《티베트 사자의 서》는 파드마 삼바바가 번역하거나 저술한 책들 중의 하나입니다. 개심 선생의 말씀처럼 이 책에서는 사람이 죽어서 환생할 때까지 인간의 육체를 벗어난 영혼이 49일간 겪게 되는 과정을 다루고 있습니다. 이 책의 내용이 진실이라 해도 실제로 이러한 경험을 한 주체는 이 책의 저자는 아닐 것입니다. 이 책을 저술할 때까지 그는 죽지 않았을 테니까요. 결국 이 책은 이 책의 저자가 경험한 영적 체험에 대한 기록이거나 자신의 믿음을 서술한 것에 불과할 것입니다. 그렇다면 안평대군의 꿈이 무릉도원이 존재한다는 것의 근거로 간주될 수 없듯이 이 책도 영혼의 존재를 보인 것으로 간주될 수는 없을 것입니다.

　　빙의의 경우도 별반 다를 것 같지 않습니다. 한 인간에게 다른 영혼이나 정신적인 실체가 빙의되었느냐의 여부는 빙의된 당사자의 행동이나 증언에 의존해야만 합니다. 그러나 영혼은 비물질이므로 관찰을 통해서는 근본적인 확인이 불가능할 것입니다. 현대 의학에 따르면 빙의는 일종의 정신병적 현상에 불과합니다. 빙의의 경우 돈벌이를 위한 사기극이거나 조작일 가능성이 매우 큽니다. 빙의나 영혼과의 접촉이 사기극으로 드러난 경우는 흔히 찾아볼 수 있습니다. 대표적인 사례를 하나만 들어보겠습니다.

　　19세기 중반부터 20세기에 걸쳐 영국과 미국에서 영

혼과 사후 세계를 믿는 영성주의가 크게 유행했던 적이 있습니다. 이처럼 영생주의가 유행하게 된 계기는 1848년에 발생한, 혼령과 접촉한 것으로 보이는 폭스 자매의 사건이었습니다. 당시 열두 살이었던 캐서린Katherline Fox과 마거릿Margaret Fox은 자신들이 집에서 귀신들과 접촉하고 있다고 주장하였습니다. 이들 폭스 자매에 따르면 자신들이 손뼉을 치면 귀신들은 무언가를 두드리는 소리로 답했습니다. 나아가 이들은 손뼉치는 방법으로 긍정과 부정, 알파벳을 나타내는 신호를 고안하여 귀신의 정체를 밝히려 시도했고, 결국 이들은 혼령의 정체를 밝혀냈다고 주장하게 되었습니다. 이들의 주장에 따르면 이들이 접촉한 혼령은 전에 이 집에 살았던 벨John Bell에 의해 살해된 로사Charles Rosa이고, 그의 시체는 벨에 의해 지하실 바닥 밑에 숨겨졌습니다. 폭스 자매의 증언에 따라 지하실 바닥을 파자 부패된 사람의 뼈와 머리카락 등이 발견되었습니다. 이 사실은 신문에 보도되어 커다란 반향을 일으켰고 많은 사람은 이 사건을 혼령과의 대화가 이루어진 증거라고 주장하게 되었습니다. 그러나 폭스 자매의 혼령과의 접촉은 1888년에 마거릿과 캐서린에 의해 계획된 사기극으로 밝혀졌습니다. 그들은 처음에는 어머니를 속이기 위해 발가락을 조작하여 두드리는 소리를 낼 수 있었고 이후 무릎 아래의 근육을 사용하는 방법을 익혀 무대에서도 혼령과의 접촉이 이루어진 것처럼 속일 수 있었다고 고백했습니다.

4. 5

Gustave Doré, 〈Paradiso canto〉(19th century), illustrated

개심   선생님 말씀을 들으니, 선생님께서는 영혼이나 사후
세계에 대해 많은 관심을 가지고 계시다는 것을 새삼 느끼게
됩니다. 그러나 선생님께서는 영혼이나 사후 세계의 존재를
시사하는 것으로 보이는 현상들에 대해 비판적인 잣대로만
평가하시고 계십니다. 선생님의 판단을 액면 그대로 받아들
여도 선생님께서 보이신 것은 영혼의 존재를 시사하는 것으
로 간주될 수 있는 한 가지 사례가 거짓으로 판명되었다는 것
에 불과합니다. 영혼의 존재를 시사하는 사례는 드물지 않게
접할 수 있는 일반적 현상입니다. 이들의 대부분은 거짓으로
판명나지 않았습니다.

후평   개심 선생의 말씀처럼 내가 보인 것은 영혼의 존재를   4. 6
시사하는 것으로 간주될 수 있는 하나의 사례가 허위였다는
것에 불과합니다. 나는 폭스 자매나 무에서 물질을 창조한
다고 주장하는 사이 바바의 경우처럼 영혼의 존재를 시사하
는 것으로 보이나 거짓으로 판명된 다른 사례들을 알고 있
습니다. 그러나 그러한 사례들을 열거하는 것이 나의 의견
을 개진하는 데 별로 도움이 될 것 같지 않습니다. 허위로
드러난 사례는 그렇지 않은 것에 비해 극소수일 것이고 다
른 사례들이 모두 조작이나 사기극이라는 것을 증명하는 것
은 불가능하니까요. 내 말의 핵심은 영혼은 비물질이므로
영혼의 존재하지 않는다는 것을 증명하는 것은 불가능하지

만, 영혼의 존재를 시사하는 증거로 간주되는 현상들은 모두 영혼의 존재를 가정하지 않고도 설명될 수 있다는 것입니다. 내가 폭스 자매의 사례를 거론한 것은 그 사건이 19세기에 영성주의가 극성을 부리게 만든 계기가 된 대표적인 사건이기 때문입니다.

개심 선생도 아시겠지만 근세 이후 비교적 과학적 전통이 지배하고 있는 서구에서도 영매를 통한 영혼과의 접촉, 투시력, 텔레파시, 염력과 같은 초자연적인 현상에 대한 믿음이 유행하게 되었고, 그 여파로 초자연적인 현상을 연구하는 의사 과학인 초심리학Para Psychology도 한때 활발한 연구 활동을 전개하였습니다. 지금은 초심리학이 시들해진 상황입니다. 아마도 그 이유는 엄격한 통제와 관찰 조건 하에서는 초자연적 현상들이 발휘되지 않았다는 데서 찾을 수 있을 것입니다.

개심 저는 마음을 수련하고 있습니다. 또한 신실하게 종교 생활을 하는 수많은 종교인은 죽어서 천당이나 극락에 가기를 기원하고 있습니다. 만약 영혼이 존재하지 않는다면 저의 수련이나 우리 주변에서 흔히 볼 수 있는 신실한 종교인의 기원은 헛된 것에 불과하게 됩니다. 선생님 말씀처럼 내가 영혼이 존재한다는 것을 안다고 할 수는 없을지도 모릅니다. 그러나 저는 제 육체와 함께하고 있는 영혼을 느끼고 있고 영혼의 존재를 확신하고 있습니다. 선생님께서는 영혼의 존재를 시사하는 현상들이 영혼의 존재를 인정하지 않고도 설명될 수 있다고 주장하고 계십니다. 그러나 사기극이나 조작이 아니지만, 과학적으로 설명될 수 없는 사례들이 분명히 존재합니다. 선생님께서는 레이몬드 무디Raymond A. Moody에 대해 알고 계십니까?

후평 《삶 이후의 삶Life after Life》을 를 저술한 정신과 의사로 알고 있습니다.

개심 역시 짐작대로 알고 계시는군요. 선생님께서도 알고   4. 7
계시겠지만, 무디는 철학박사 학위를 가진 철학자이자 정신과 의사입니다. 그는 11권의 책을 썼는데 1975년에 발간된 《삶 이후의 삶》가 그의 대표적 저술로 무려 1300만 부 이상 팔린 베스트셀러입니다. 이 책에서 무디는 150여 명 가량의 죽었다 살아난 사람이나 죽음 직전까지 갔었던 사람들의 소위 NDE현상에 대한 증언을 채취하고, 이들 중 연구의 객관성을 높이기 위해 선발된 50여 명의 직접 체험자들의 증언을 토대로 연구한 내용을 정리하고 있습니다. 무디는 NDE현상을 몇 단계로 설명하고 있습니다. 죽어가는 사람들은 육체적 고통이 정점에 이른 어느 시점에서 통증이 사라지고 평화로운 느낌을 갖게 됩니다. 이와 동시에 기계음과 같은 소음과 함께 자신이 어두운 터널과 같은 곳을 빠르게 통과하게 됩니다. 이후 자신이 육체에서 이탈해있다고 느끼게 되고, 일부의 경우에는 자신의 육체나 가족들을 멀리서 바라볼 수 있습니다. 이어서 따사롭고 휘황찬란한 빛을 만나게 되고 그 빛에 매료된 상태로 있다 어느 순간 다시 자신의 육체와 결합함을 느끼게 됩니다.

NDE현상은 이 현상을 직접 체험한 사람들의 삶 전체에 중대한 영향을 끼치게 됩니다. 특히 그들의 대부분은 NDE현상을 체험한 이후 영혼이 존재하고 육체적 죽음 이후에도 생명이 계속되리라는 것을 확신하게 되었습니다.

4. 8   무디는 현대과학의 훈련을 받은 과학자입니다. 또한 무디의 연구는 연구의 객관성을 높이기 위해 선별된 50명을 대상으로 진행되었고, 이들은 모두 NDE를 직접 체험한 사람들입니다. 여론조사의 권위자인 갤럽의 연구에 따르면 죽음의 경계선을 넘나들었던 미국인 중 많은 수의 사람들이 NDE현상을 체험했다고 합니다. 따라서 NDE현상은 인간 누구에게나 나타날 수 있는 보편적인 현상이라 할 수 있습니다. NDE를 체험한 사람들은 영혼이 육체와 분리되는 과정을 어두운 터널의 통과로 구체적으로 설명하고 있고, 분리된 영혼이 자신의 육체를 바라보고 있다고 증언하고 있습니다.

선생님께 다시 묻겠습니다. NDE현상을 설명할 수 있는 최선의 방법은 육체적 죽음을 초월할 수 있는 영혼의 존재를 인정하는 것 아닐까요?

후평 우선 무분별한 언어 사용에 따른 혼란을 정리할 필요가 있을 것 같습니다. 개심 선생님은 NDE를 죽었다 살아난 사람이나 죽음 직전까지 갔었던 사람들이 겪는 체험이라고 주장하고 계십니다. NDE는 '죽음 직전까지 갔었던 사람들의 체험'일지는 몰라도 죽었다 살아난 사람들의 체험은 아닙니다. 자신의 체험을 증언하기 위해서는 체험한 당사자는 살아 있어야 할 테니까요. 따라서 NDE는 죽은 것처럼 보이고 죽음에 가까웠지만 죽지 않은 사람들의 체험입니다. 'NDE'에 해당하는 번역은 임사 체험이고 NDE는 영어로 'Near Death Experience'를 의미합니다. 결국 NDE에 대한 증언은 죽음에 가까웠지만 살아있는 사람이 살아있는 동안에 체험한 내용을 살아있는 사람의 입을 통해 보고한 것에 지나지 않습니다.

NDE의 내용은 자신이 속한 문화나 환경에 따라 다를 수 있습니다. 어떤 사람은 어두운 터널 대신 강을 건너 아름다운 꽃이 만발한 곳에 갔었던 경험을 말하기도 하고, 동양권의 사람들은 빛 대신에 저승사자를 보았다고 증언하기도 합니다. 그러나 개심 선생의 말처럼 보편적인 현상은 아닐지라도 무시할 수 없을 정도로 많은 사람이 무디가 정리한 것과 유사한 NDE를 체험하고 있는 것으로 보입니다.

논의의 편의를 위해 NDE를 경험한 사람들은 무디가

William-Adolphe Bouguereau, 〈Une âme au ciel〉(1878), Oil on canvas
180×275cm, Musée d'Art et d'Archéologie du Périgord, Périgueux

묘사한 단계들을 거치게 된다고 받아들이겠습니다. 개심 선 생님은 NDE현상을 체험한 사람은 어두운 터널 같은 곳을 통 과하고 자신의 육체를 멀리서 바라보는 등 영혼이 육체로부 터 분리된 것을 경험하므로 NDE현상은 영혼이 존재한다는 것을 시사하는 증거가 될 수 있다고 주장하고 계십니다. 그 렇다면 NDE 중 기계음과 같은 소음을 듣고 어두운 터널과 빛 그리고 자신의 육체를 본 주체는 무엇입니까?

개심　당연히 NDE 중 육체로부터 분리된 영혼 아니겠습니까?

후평 개심 선생님의 말씀을 받아들이면 영혼이 기계음 소리를 듣고 어두운 터널과 빛을 보았다는 이야기가 됩니다. 그러나 영혼은 비물질이므로 눈도 귀도 없습니다. 따라서 영혼이 존재하고 NDE를 체험하는 중에 영혼이 육체와 분리되었다 하더라도 영혼이 기계음과 같은 소리를 듣고 어두운 터널과 빛을 보고, 자신의 육체를 내려다본 주체일 수는 없을 것입니다. 결국 영혼이 존재한다 해도 NDE는 영혼의 존재를 시사하는 증거로 간주될 수 없습니다. NDE도 도원경을 꿈꾼 안평대군의 꿈처럼 영적 체험에 불과할 테니까요.

중관 많은 사람이 NDE 현상을 체험하고 있는 것은 사실인 것 같습니다. 또한 이들 중 무시할 수 없을 정도로 많은 사람들이 체험한 NDE는 무디가 정리한 특징을 공유하고 있습니다.

후평 NDE에 관심을 가진 대부분의 과학자들은 죽어가는   4. 9
자들이 흔히 겪는 뇌의 산소 결핍과 측두엽 장애에서 나타나는 현상이라고 설명하고 있습니다. 특히 수전 블랙모어는 자신의 책에서 어두운 터널의 통과와 빛의 나타남, 평온한 느낌 등 NDE에서 나타나는 모든 특징을 신경화학적으로 설명하고 있습니다. 나는 과학자들의 주장이 반드시 옳다고 주장하는 것이 아닙니다. 그러나 그들은 최소한 NDE현상을 이해할 수 있는 합리적인 설명을 제공하고 있습니다. 반면에 NDE현상이 영혼의 존재를 시사하는 것이란 주장은 비물질이지만 보고 들을 수 있는 영혼이 존재한다는 것을 믿으라고 억지를 부리는 것에 불과합니다.

뇌세포가 파괴되어 치매에 걸린 사람이 뇌세포의 재생 없이 치매에서 회복된 사례가 있다면, 그 사례는 영혼의 존재를 보이는 증거로 고려될 수 있을 것입니다. 현대과학에 의하면 정신 활동을 관장하는 기관은 뇌이니까요. 그러나 그런 사례는 없었고 앞으로도 있을 것 같지 않습니다.

중관 개심과 선생님과의 대화를 듣다 문득 이런 생각이 떠올랐습니다. 선생님의 논지는 영혼이 물질이 아니라는 것에 크게 의존하고 있습니다. 그러나 영혼을 시각 기능과 청각 기능을 가진 신비한 물질로 간주할 수 있지 않을까요?

후평 사실 일부의 소위 심령과학자들이 그러한 주장을 하고 있습니다. 죽기 직전의 몸무게와 죽은 직후 시신의 무게를 재고 그 무게의 차이가 영혼의 무게라 추정하는 사람도 있습니다. 그러나 영혼이라는 그 신비한 물질은 어떠한 존재입니까? 그 물질은 오관의 기능을 가지고 있어야 하고, 육체에 머무르며 육체를 조종할 수 있고, 육체와 분리되어 존재할 수 있어야 합니다. 또한 시공간의 제약을 초월할 수 있고 영원히 존재할 수 있어야 하므로, 인과 관계에서 자유롭고 우주의 자연법칙이 적용될 수 없습니다. 사차원 세계의 인과 관계가 근본적으로 적용될 수 없는 존재를 물질이라 할 수 있을까요?

영혼이 신비한 물질이라고 주장하는 것은 물질과 물질 아닌 것 외에 설명될 수 없는 제3의 범주에 속하는 존재가 있다고 언급하는 것에 불과합니다. 비물질로서의 영혼이 논리적으로 가능한 것처럼 신비한 물질로서의 영혼도 그 자체로 명백한 모순이 나타나지 않는다는 의미에서 논리적으로 가능할지 모릅니다. 그러나 물리적으로도 형이상학적으로도 가능하지 않습니다. 신비한 물체로서의 영혼을 상상 속에서 정합적으로 구체화 시키는 것이 가능하지 않을 테니까요.

개심　영혼이 물질일 수는 없습니다. 만약 영혼이 물질이라면 영혼은 근본적으로 과학의 탐구 대상일 테니까요. 영혼은 물질이 아닙니다. 따라서 영혼은 근본적으로 과학의 탐구 대상이 될 수 없고 느낌과 믿음의 차원에서 다루어져야 합니다. 저를 비롯한 진실한 종교인들은 영혼의 존재를 느끼고 확신하고 있습니다. 또한 영혼이 존재한다는 믿음은 우리의 삶을 의미 있고 풍요롭게 하기 위한 우리의 소망입니다.

후평　이미 말씀드렸듯이 영혼이나 사후 세계와 같은 종교적 믿음이, 자신의 무지를 인정하고 스스로 반성하고 두려워하며 자신의 종교적 삶을 이어가는 소박한 신앙일 경우 그러한 믿음을 갖는 것에 반대하지 않습니다. 오히려 장려되어야 할 것이라 생각되기도 합니다. 내가 반대하는 것은 합리적으로 설명될 수 있는 현상을 영혼이나 사후 세계가 존재한다는 증거로 간주하는 경우입니다. 이것은 진실을 왜곡하는 행위에 지나지 않습니다.

문제는 설명되지 않는 현상을 접하게 될 때 우리가 택하는 설명 방식에 있는 것 같습니다. 사춘기를 갓 지난 청순해 보이는 한 소녀가 임신을 했는데, 그 소녀는 자신의 몸에 성령이 임하여 임신이 되었다고 주장한다고 합시다. 이 경우 순박해 보이는 소녀의 믿음에 따라 성령이 그녀를 임신시켰다고 하는 것도 한 가지 설명 방식일 것입니다. 그러나 이것은 진정한 설명이 될 수 없습니다. 이것이 설명으로서의 역할을 하기 위해서는 성령에 대한 설명이 우선적으로 요구되니까요. 이 경우 우리가 취할 가장 타당하고 합리적인 행동은 그녀가 어떤 남성에 의해 임신된 것이라 판단하고 그녀를 임신시킨 남성을 밝히는 것입니다.

4. 1 저명한 과학철학자 포퍼Karl Popper는 과학 이론이나 과학 명제
      는 반증 가능성이 높을수록 우수한 이론이나 명제라고 주장하
      고 있다. 그에 의하면 반증 가능성이 없는 것은 과학 이론이나
      과학 명제가 아니다. "안드로메다 성운에 하늘을 나는 괴 생명
      체가 존재한다"나 "영혼은 존재한다" 같은 명제들은 반증이 불
      가능한 대표적인 사례라 할 수 있다.

4. 2 수십 년간 영계를 체험했다고 주장하는 스웨덴의 과학자이자 신
      학자인 스베덴보리는 자신의 책 《천국과 지옥Heaven and Hell》에
      서 자신이 실제로 목격했다는 천국과 지옥의 내용을 상세히 기
      술하고 있다. 이 책은 1758년 라틴어로 런던에서 출판되었다.

4. 3 브리디 머피의 사례가 퇴행 최면을 통한 전생 체험의 가장 대표
      적인 사례일 것이다. 아래에 인용된 부분은 과학자인 강건일 박
      사의 책 《신과학은 없다》에 기술된 이와 관계된 내용이다.

스티븐슨(전생을 연구한 정신병리학 교수)은 1950년대 퇴행 최면에 의해 유도된 전생 회상을 사실로 인정하기도 했는데 이것이 유명한 '브리디 머피' 사례이다. 1952년 콜로라도 주 부에브로의 사업가이자 아마추어 최면술사인 번스타인Morey Bernstein은 29세의 버지니아 타이Virginia Tighe를 대상으로 전생을 회상시키는 퇴행 최면을 하였다. 버지니아는 1798년에서 1864년 사이에 아일랜드 코크 지방에 살았던 머피의 삶까지 퇴행하였다. 그녀는 아일랜드의 말투로 당시의 생활을 생생하게 표현하였다. 이 경우를 조사한 스티븐슨은 분명히 환생의 증거가 될 수 있다고 선언하였다.

머피의 이름이 부상했을 때 신문기자들은 사실 여부를 확인하는 경쟁을 벌였다. 〈시카고 데일리 뉴스Chicago Daily News〉는 런던 특파원에게 아일랜드로 가서 조사하도록 명령했으나 긍정적 결과를 얻지 못했다. 이번에는 〈덴버 포스트Denver Post〉에서 비싼 경비를 들여 바커 기자를 아일랜드로 파견했다. 바커는 머피가 19세기에 살았던 인물이라는 것을 확인했으나, 버지니아가 어느 때인가 아일랜드의 전해져 내려오는 이야기에 노출된 적이 있다는 심증만을 갖고 돌아왔다. 취재 경쟁의 승리는 버지니아의 고향인 시카고로 가서 조사한 내용을 보도한 〈시카고 아메리칸Chicago American〉기자에게 돌아갔다.

〈시카고 아메리칸〉기자는 버지니아가 한때 주일학교를 다녔던 시카고 복음교회의 도움으로 코크웰Anthony Corkwell 부인을 쉽게 찾아내었다. 지금은 일곱 자녀를 둔 그녀는 아직도 10대의 버지니아가 봤을 그 집에 그대로 살고 있었다. 버지니아는 당시 길 건너 지하실 아파트에 5년간 살았다. 이때 어린 버지니아는 코크웰 부인의 아일랜드 배경을 좋아했다. 코크웰 부인의 아들 중 하나의 이름이 켈빈이었는데 그가 바로 머피의 친구 중 하나로 버지니아가 기억해낸 이름이었다. 버지니아는 자신이 전생에 살았던 곳이 코크라고 했는데 이것은 코크웰과 유사하며 코크웰 부인의 결혼 전 이름이 브리디 머피였던 것이다. 바로 버지니아는 전생을 회상한 것이 아니라 어린 시절의 조각을 맞추어냈을 뿐이다.

4. 4 원제목이 '바르도 퇴돌 첸모(사후 세계에서 가르침을 들음으로써 영원한 자유에 이르기)'인 《티베트 사자의 서》는 티베트 지방의 밀교 형태의 불교에서 중요한 경전으로 여겨지는 책이다. 20세기 초 유럽에서 번역 발간된 이후 서구 사람들의 많은 관심을 끌었다. 특히 심리학자들이 인간의 본성이나, 자기 파괴적인 행위를 설명할 때 이 책이 유용하게 이용되었다 한다. 사람이 숨을 거두는 임종의 순간부터 시작되는 이 책은 바르도(죽음도 삶도 아닌 중간 상태) 상태에서 다시 다른 자궁을 찾아 환생하는 시점까지인 49일 동안의 내용을 다루고 있다.

이 책은 치카이 바르도(임종자의 죽음의 순간에서의 바르도)로부터 시작해 초에니 바르도(사자가 자신의 카르마의 원인으로 존재의 근원을 체험하는 바르도)를 거쳐 시드파 바르도(죽은 사자가 다시 환생의 길을 찾는 단계)까지 49일을 다룬다.

4. 5 폭스 자매의 예를 거론하는 것은 이 사례가 19세기에 활성화되기 시작한 영과 사후 세계의 존재를 믿는 영성주의의 뿌리가 된 사건이기 때문이다. 폭스 자매 외에 슬레이드Henry Slade도 혼령과 접촉할 수 있다고 주장한 대표적 사람이다. 그는 문자로 혼령과 접촉하는 것을 시연하였고 독일의 천체물리학자 쵤너J. C. F. Zöllner는 그에게 감명을 받아 《Transcendental Physics》라는 책을 저술하기도 했다. 그러나 슬레이드의 행위도 돈벌이를 위

한 사기극이라는 것이 밝혀졌고, 1876년에 결국 사기 혐의로 고발되어 처벌 받는다.

4. 6　1926년 인도 남부에서 태어난 사이 바바는 무에서 물질을 창조하는 능력을 가진 것으로 알려진 사람이다. 한때 그가 보이는 능력에 감동을 받은 수많은 추종자들이 그의 주위에 몰려들었고 사이 바바 교육재단은 대학을 다섯 개나 설립하기도 했다. 그러나 그가 보이는 물질 창조는 현란한 손놀림에 의한 사기극에 불과하다는 것이 밝혀졌다.

　　　현란한 손놀림으로 사람들을 속이는 모습이 국내의 한 텔레비전에서 방영되기도 했다.

4. 7　임사 체험과 관련된 가장 대표적인 책은 철학자이자 정신과 의사인 무디의 《삶 이후의 삶Life after Life》일 것이다. 이 책에서 무디는 죽음에 대해 어떠한 입장도 취하지 않을 것이며, 그를 찾아온 150명가량의 임사 체험자의 직접적인 증언을 그대로 옮기는 데 주력할 것이라 주장한다. 무디가 수집하고 기록한 경험들은 의사한테서 임상적으로 죽었다고 판정받았거나 그렇게 선언되었다가 다시 살아난 이들의 체험담이나, 사고나 질병으로 인해 육체적으로 거의 죽었던 이들의 체험담, 그리고 임종 자리에 참석한 사람이 죽어가는 사람들에게서 직접 들은 체험담들이다.

　　　무디는 이 사례들을 선별하고 50명의 직접 체험자들의 경험을 토대로 연구 내용을 정리했다. 그는 임사 체험 사례들은 일정한 유사성을 갖고 있으며, 사후 세계를 체험한 것으로 해석될 수 있다고 주장한다. 그러나 최근의 연구에 따르면 임사 체험자들이 체험한 사후 세계의 내용은 그가 속한 문화나 환경에 크게 영향을 받는다. 또한 임사 체험과 유사한 경험이 과학적인 실험 장치를 이용해 재현될 수 있다는 것이 밝혀지고 있다.

4. 8 1982년에 행해진 갤럽 조사는 조사된 미국 성인 약 스무 명 가운데 한 사람이 NDE현상을 경험한 적이 있는 것으로 보고하고 있다.

4. 9 많은 과학자가 NDE를 과학적으로 설명하려 시도하였다. 캘리포니아대학교 로스앤젤레스 캠퍼스 UCLA 의과대학의 시겔 Ronald Siegel은 LSD와 같은 마약성 물질에 의해 유도되는 환각과 NDE와의 유사성을 강조하며 NDE는 일종의 환각에 불과하다고 주장한다. 또한 시카고 대학의 신경생물학자 잭 코언은 NDE를 산소 결핍에 의해 신경 억제 활동이 감소하여 나타난 현상으로 설명한다. 특히 유체 이탈 현상을 연구하기도 한 영국의 과학자 수전 블랙모어Susan Blackmore는 자신의 책 《Dying to Live Near Death Experience》에서 NDE현상 중 나타나는 평온함은 극심한 스트레스 상태에서 분비되는 엔돌핀의 효과로, 기계음과 터널을 통해 빛을 만나는 현상을 뇌의 산소 결핍에 따른 현상으로 설명한다.

어제의 나는
오늘의 나와
동일한 사람인가

우리는 변함없이 과거의 나와 지금의 나
그리고 미래의 내가 동일한 한 사람이라는 믿음으로 생활해나갈 테니까요.
오히려 개인 동일성에 대한 믿음을 정당화할 합리적인 기준이 없다는 것을
깨닫는 것은 긍정적인 요소로 작용할 수 있습니다.

중관   누런 흙탕물이 흐르는군요. 지난번에 보았던 맑고 푸른 물이 흐르던 강과 동일한 강인지 의문이 들 정도입니다.

후평   매년 겪는 현상입니다. 큰 홍수 때마다 상류 지역에서 토사가 유입되어 북한강의 맑고 푸른 물이 누런빛으로 변하곤 합니다. 심할 때는 이런 현상이 한 달 이상 지속되기도 합니다.

중관   강을 구성하는 핵심적 요소는 강물입니다. 강물은 끊임없이 변합니다. 매순간 새로운 물이 유입되니까요. 현재 이곳을 흐르고 있는 강물은 내일에는 아마도 서울 한강에 걸려있는 제3한강교 밑을 지나고 있을지도 모릅니다. 강의 핵심적 구성 요소인 강물이 완전히 바뀌었는데도 왜 우리는 과거의 강을 현재의 강과 동일한 하나의 강으로 취급하고 있을까요?

후평   하나의 강을 규정짓는 데는 그곳을 흐르는 강물 외에도 강이 있는 위치나 강 주위의 모습 등 다른 요소들도 작용하기 때문 아닐까요? 최소한 동일한 강인가를 결정하는 기준은 그곳을 흐르는 물이 동일한 물이어야 한다는 것은 아닐 것입니다. 그런데 이 선생이 갑자기 왜 그런 질문을 하는지 이해가 되지 않는군요.

중관 선생님께서도 아시다시피 저는 영혼의 존재를 믿지 않는다고 주장해왔고 그렇게 믿고 있었습니다. 그러나 내심 정신적 실체로서의 영혼의 존재를 기대하고 소망했던 것 같습니다. 막상 영혼이 존재하지 않는다는 것을 냉엄한 사실로 받아들이려니 나 자신이란 존재가 무엇인지도 얼마 전의 내가 지금의 나와 동일한 사람인지도 알 수 없다는 생각이 들었습니다.

후평 왜 그런 생각이 들었는지 모르겠군요.

5. 1 **중관** 만약 나의 몸에 동일한 하나의 영혼이 존재한다면 과거의 나는 현재의 나와 동일한 하나의 인간이라는 것이 과거의 영혼과 현재의 영혼이 동일한 하나의 영혼이라는 것에 의해 설명될 수 있을 것입니다. 그러나 영혼이 존재하지 않는다면 나라는 존재는 결국 화학물질로 구성된 나의 육체라 불리는 고깃덩어리에 불과할 것입니다. 나의 육체는 끊임없이 변합니다. 과학자들에 따르면 우리의 육체를 구성하는 모든 세포들은 수 년 안에 완전히 물갈이된다고 합니다. 결국 나의 육체는 과거의 나와 현재의 내가 동일한 하나의 인간이라는 것을 보여줄 어떤 항구적인 것도 갖고 있다고 보이지 않습니다.

후평　그렇게 간단하게 단정할 문제가 아닌 것 같습니다. 그렇지만 육체에 의해서는 인간의 동일성을 설명할 수 없을 것이라는 이 선생의 입장에 대해서 논의하기 전에 우선 영혼이 존재한다면 현재의 이 선생과 과거의 이 선생이 동일한 하나의 인간임을 설명될 수 있다는 주장에 대해 살펴봅시다.

　　이 선생은 오늘 나를 만나러 왔습니다. 이 선생이 지난번에 나와 만났던 이 선생과 동일한 사람이라고 생각하지 않았다면 이 선생은 오늘 나를 만나러 오지 않았을 것입니다. 따라서 이 선생은 지난번에 나와 만났던 이 선생과 지금 내 앞에 있는 이 선생이 동일한 한 사람이라고 판단하고 믿고 있는 것입니다. 영혼이 존재한다고 가정하면 이 선생의 이러한 판단이 영혼에 의해 설명될 수 있을까요?

중관　영혼이 존재한다면 과거나 지금이나 제 몸에는 동일한 하나의 영혼이 존재하고 있을 것입니다. 따라서 두 경우 모두 동일한 영혼이 존재하고 있다는 것에 의해서 지난번 선생님을 만났을 때의 나와 현재의 나는 동일한 인간이라는 것이 설명될 수 있습니다.

5. 2

후평　영혼에 의해 과거의 이 선생과 현재의 이 선생이 동일한 하나의 인간이라는 것을 설명하기 위해서는 과거의 이 선생의 영혼과 현재의 이 선생의 영혼이 동일한 하나의 영혼이라는 것을 확인할 수 있어야 합니다. 그러나 지난번에 이야 기했듯이 영혼은 물질이 아닙니다. 영혼이 존재한다 해도 영 혼은 볼 수도, 만질 수도, 느낄 수도 없는 미지의 대상입니 다. 따라서 지난번과 오늘 동일한 하나의 영혼이 이 선생의 몸에 존재한다 해도 그것을 확인할 방법이 우리에게는 근본 적으로 차단되어있습니다.

영혼의 존재를 주장하는 사람들은 빙의 현상이나 유 체 이탈out of body experience의 경우에서 볼 수 있듯이, 영혼은 불멸이고, 하나의 몸에 존재하다 분리되어 다른 몸에 존재할 수 있다고 주장합니다. 따라서 영혼이 시간 속에서의 개인의 동일성을 결정하는 기준이라면, 지난번 개심 선생과 함께 장 시간에 걸쳐 토론을 했던 사람이 지금의 이 선생이 아닐 수 있습니다. 지금 이 선생의 몸에 다른 영혼이 존재할 수 있고 그렇지 않다는 것을 확인할 방법이 없으니까요.

영혼의 동일성을 판단할 어떠한 기준도 근본적으로 성립할 수 없습니다. 이것이 가능하려면 영혼을 비교할 수 있어야 하는데, 영혼은 비물질이므로 관찰과 확인의 대상이 아니니까요. 이 선생은 지난번의 나와 이 선생 자신이 지금 의 나와 이 선생과 동일한 하나의 인간들이라는 믿음 하에 이 자리에 나와있습니다. 이 선생의 이러한 믿음은 결코 영혼의 동일성이 아닌 무언가 다른 판단에 따른 것이어야 합니다.

인간의 모든 행위는 동일성에 대한 판단에 근거하고

있다고 해도 과언이 아닐 것입니다. 한 예로 어젯밤의 아내와 오늘 침실에 함께 있을 그녀가 동일한 한 사람이 아니라면 나는 불륜을 저지르고 있는 것입니다. 이러한 개인 동일성의 판단은 결코 영혼의 동일성에 의한 판단일 수 없습니다.

중관   선생님도 아시겠지만 카프카의 소설 《변신》에서 주인공 그레고리는 어느 날 아침 잠에서 깨어났을 때 자신이 커다란 벌레로 변한 것을 발견하게 됩니다. 그레고리의 경우는 소설 속 이야기에 불과하지만 유사한 사례가 현실화될 가능성도 있을 것 같습니다. 높은 문명 수준을 가진 외계인이 한 인간을 납치하여 인간의 육체를 근본적으로 변화시키는 생체 실험을 행했고 그 결과로 납치된 인간은 원래의 모습과 근본적으로 변화된 몸으로 깨어났다고 합시다. 이 경우 그가 납치되기 전의 자신의 몸이 근본적으로 바뀌었다고 판단했다면, 이러한 판단은 근본적인 변화를 야기한 생체 실험을 거쳐서 그의 몸에 존재하는 영혼을 가정해야만 가능할 것입니다. 그의 육체는 근본적으로 변화했으니까요.

후평   납치된 사람의 두뇌 조직이 완전히 파괴되었거나 외계인들이 납치한 사람의 두뇌 정보를 그대로 복제하여 인위적으로 그에게 주입하지 않았을 경우에도 그러한 일이 현실화될 가능성이 있을지 의문이 드는군요. 만약 그런 일이 실제로 발생한 경우가 있다면 영혼의 존재를 시사하는 근거로 간주될 여지가 있을 것입니다.

논의를 쉽게 하기 위해 그런 일이 실제로 발생했다고 합시다. 그러나 이 경우에도 외계인에 의해 몸이 근본적으로 바뀐 사람이 납치되기 전의 그 사람과 동일한 한 사람이라는 그의 믿음은 영혼의 동일성에 의한 판단에 근거한 것일 수는 없습니다. 영혼은 비물질이므로 납치되기 전의 그의 영혼과 몸이 근본적으로 바뀐 후의 그의 영혼을 확인하고 비교할 방법이 그 자신에게는 근본적으로 차단되어있으니까요. 영혼은 근본적으로 미지의 대상이므로 하나의 동일한 영혼이 계속해서 존재했다고 해도 몸이 근본적으로 변한 그와 납치 이전의 그가 동일한 인간이라는 그의 판단에 영혼은 어떠한 기여도 할 수 없습니다.

이 선생이 제시한 예가 현실화될 가능성이 있다면 다음과 같은 일이 발생할 가능성도 있을 것입니다. 납치된 사람의 몸을 근본적으로 바꾸는 과정에서 원래의 영혼이 몸에서 빠져나가고 새로운 영혼이 근본적으로 변화된 육체에 거주하게 되었고, 깨어났을 때 겪게 될 혼란을 염려한 외계인들이 최면에서의 암시와 유사한 방법으로 새로운 영혼의 심리적 정보를 제거하고 대신 그에게 납치된 사람의 기억을 포함한 심리적 정보를 주입했다고 합시다. 이 경우 근본적으로 변화된 몸에서 깨어난 그는 자신이 납치된 사람과 동일한 사람이라고 믿을 것입니다.

영혼이 개인의 동일성을 결정하는 기준이라면 이 선생의 예에서의 그의 판단은 옳지만, 내가 제시한 예에서의 그의 판단은 옳지 않습니다. 납치 전의 영혼과 육체가 근본적으로 변한 후의 영혼은 전혀 다른 영혼일 테니까요. 그러나 두 경우에 모두 새로운 몸에서 깨어난 그는 자신이 납치된 그 사람과 동일한 사람이라고 믿고 있을 것이고, 영혼은 근본적으로 확인이 불가능한 대상이므로 이 두 경우를 구별할 어떤 방법도 그에게 있을 수 없습니다.

중관　선생님 말씀처럼 인간의 거의 모든 행위는 과거에서와 동일한 인간이라는 판단이 전제되어있는 것 같습니다. 만약 생각을 시작한 순간의 인간과 그 생각을 끝낸 인간이 동일한 인간이 아니라면 생각조차도 불가능할 것입니다. 지난번에 개심과 함께 선생님을 찾아왔던 제가 지금의 나와 동일한 사람이라는 믿음이 없었다면 아마도 오늘 선생님을 만나는 일은 없었을 것입니다.

선생님께서는 영혼이 시간 속에서의 인간의 동일성을 판단하는 데 어떠한 역할도 할 수 없다는 것을 설득력 있게 설명하셨습니다. 선생님 말씀처럼 개인 동일성이 영혼에 의해 설명될 수 없다면 과연 우리는 어떤 기준으로 어제의 내가 오늘의 나와 동일한 하나의 사람이라는 판단을 하는 것일까요?

후평 　글쎄요. 개인 동일성을 설명하는 여러 가지 방법이 있을 수 있을 것 같습니다. 이 선생의 생각은 어떻습니까?

중관 　제 생각으로는 개인 동일성에 대한 판단은 기억과 같은 심리적인 요소에 의존해야만 할 것 같습니다. 내가 개인 동일성을 영혼에 의거해 설명하려한 것도 영혼이 존재한다면 영혼이 심리적인 요소들을 관장하는 역할을 할 것이기 때문입니다.
　　　나는 지난번에 개심과 선생님을 만났던 일을 기억하고 있습니다. 그 당시 대화 중 가진 느낌이나 생각 등도 어느 정도 기억하고 있습니다. 선생님과 만났던 나와 지금의 내가 동일한 사람이라는 것이 이러한 기억에 의해 설명될 수 있지 않을까요?

후평 　지난번 대화에서의 이 선생의 느낌이나 생각 등을 기억할 수 있는 사람은 이 선생 자신일 수밖에 없습니다. 따라서 이 선생이 실제로 지난번 대화에서 가졌던 생각이나 느낌들을 실제로 기억한다면 그때의 이 선생과 현재 내 앞에 있는 이 선생은 틀림없이 동일한 한 사람일 것입니다.
5.3 　　　이 선생처럼 인간의 기억으로 개인 동일성을 설명하려는 시도를 기억 이론이라고 합니다. 이 이론의 창시자는 로크John Locke라 할 수 있습니다. 그는 자신의 대표적 저술이

라 할 수 있는 《인간 오성론》에서 '우리는 우리의 의식을 시간 속에서 과거로 확장한다'라고 표현하고 있는데, 여기서 그가 의미했던 것은 기억이라고 할 수 있습니다. 그의 기억 이론에 따르면, 일정한 시간 t에서의 한 인간 A의 의식이 t 이전의 시간 t'에서의 A의 의식의 내용들을 기억하고 있으면 t에서의 A는 t'에서의 A와 동일한 하나의 인간입니다. 따라서 이 이론에 따르면 현재의 이 선생은 지난번에 나와 개심 선생과 함께 만났던 사람과 동일한 사람입니다. 현재 이 선생은 나와 만났을 때 이 선생이 가졌던 느낌이나 생각 등을 기억하고 있으니까요.

그러나 나는 기억이나 의식에 의존하여 개인 동일성을 설명하려는 모든 시도는 잘못된 것이라 생각합니다.

중관　앞에서 보았듯이 내 경우에는 과거의 나와 현재의 내가 동일한 한 사람이라는 것이 기억에 의해 잘 설명되고 있습니다. 또한 내 경우는 다른 사람과 다른 특이한 경우는 결코 아닐 것입니다. 한 사람이 느끼고 생각한 것을 기억하는 사람은 그 사람 자신일 수밖에 없습니다. 왜 기억 이론에 반대하시는지 모르겠습니다.

후평　이 선생은 흔히 막장 드라마로 불리는 연속극을 보신 적이 있습니까?

중관   자주는 아니지만 제 아내가 연속극을 좋아해서 가끔 본 적이 있습니다.

5. 4   후평   막장 드라마에서 단골로 등장하는 것 중의 하나는 기억상실증에 걸린 경우입니다. 연속극에서처럼 한 사람이 교통사고를 당했고 그 여파로 교통사고 이전의 기억을 모두 상실했다고 합시다. 이 경우 교통사고 이전의 사람과 교통사고 난 후 기억상실증에 걸린 사람은 동일한 사람입니까?

중관   당연히 동일한 하나의 사람입니다. 그는 교통사고를 당해 뇌가 제 기능을 하지 못하고 있을 뿐.

후평   그렇습니다. 그러나 기억 이론에 따르면 교통사고 이후의 그는 교통사고 이전의 그와 동일한 사람이라 할 수 없습니다. 그는 교통사고 이전 자신의 과거에 대해 기억하지 못하고 있으니까요.
　　　기억 이론이 개인 동일성을 설명할 수 있는 적절한 이론이 될 수 없다는 것을 보이기 위해 좀 더 극적인 예를 들어보겠습니다. 한 고약한 최면술사가 교통사고로 기억상실증에 걸린 사람에게 최면을 걸어 이 선생의 신상 명세와 우리가 가진 대화의 내용은 물론, 이 선생이 과거에 느끼고 경험한 일들을 자신의 과거처럼 받아들이도록 암시를 걸었다고 합시다. 기억상실증에 걸린 사람을 갑이라 합시다. 고약한 최면술사의 행위가 성공적이라면, 갑은 자신을 이 선생이라고 믿을 것입니다.

극단적이고 비정상적인 예라 생각할지 모르지만, 일상 속에서도 유사한 경우가 발생할 수 있습니다. 우리의 두뇌는 자신이 보았던 책이나 영화의 내용을 각색하여 자신의 것으로 만드는 놀라운 능력을 가지고 있으니까요. 지난 대화에서 언급되었던 버지니아 타이가 자신은 전생의 브리디 머피가 환생했다고 믿은 것도 그러한 경우일 것입니다. 또한 자신이 사회적으로 유명한 사람이라고 믿고 그렇게 주장하는 정신병자의 경우도 흔히 찾아 볼 수 있습니다.

이 선생에게 묻겠습니다. 갑은 자신을 이 선생이라 믿고 있고 이 선생의 과거의 기억들을 가지고 있습니다. 내 앞에 앉은 이 선생과 갑 중 지난번에 개심 선생과 함께 나와 영혼의 존재에 대해 논했던 사람과 동일한 사람은 누구입니까?

중관   당연히 나 자신입니다. 갑의 경우는 단지 최면술사의 암시에 의해 주입된 거짓 기억을 가지고 있는 데 불과하기 때문입니다. 지극히 당연한 것을 왜 질문하시는지 모르겠습니다.

후평   이 선생의 말처럼 지난번에 개심 선생과 함께 나와 토론을 한 사람은 당연히 이 선생 자신입니다. 그러나 우리가 가정했듯이 최면술사의 시도가 성공했다면 갑도 이 선생처럼 나와의 대화를 기억할 것입니다. 따라서 기억에 근거해 개인 동일성을 결정하는 기억 이론에 따르면 갑도 지난번에 나와 토론을 했던 이 선생과 동일한 사람이어야 합니다.

중관 조금 전에 말씀드렸듯이 갑은 최면술사의 암시에 의해 선생님과 대화한 것을 기억하고 있다고 믿고 있을 뿐이므로 그의 기억은 실제의 기억이 아니라 거짓 기억입니다. 반면에 지난번에 선생님과의 대화에 대한 나의 기억은 나의 구체적 경험을 실제로 기억한 것입니다.

후평 이 선생의 주장에 따르면 개인 동일성을 규정할 수 있는 기억은 거짓 기억이 아니라 실제 기억이어야 합니다. 이 선생은 갑의 기억은 거짓 기억이고, 이 선생 자신의 기억은 실제 기억이라 주장하고 있습니다. 그렇지만 갑이 이 선생처럼 실존 인물이라면 지금 그는 이 선생과 마찬가지로 지난번에 가진 나와의 대화를 기억하고 있다고 믿고 있을 것입니다. 이 선생이 갑이 최면 중 암시에 의해 이 선생의 과거에 대한 기억을 갖게 되었다는 것을 모르고 있다고 가정합시다. 이 선생이 이 선생의 기억은 실제 기억이고 갑의 기억은 거짓 기억이라고 주장하는 근거는 무엇입니까?

중관 지난번 대화에 대한 갑의 기억은 인위적으로 만들어진 것인데 반해, 나의 기억은 실제로 내가 경험하고 느낀 것에 대한 기억입니다.

후평 이 선생의 주장은 한 사람의 기억이 실제 기억이기 위해서는 실제로 그 자신이 경험하고 느낀 것에 대한 기억이어야 한다고 정리해도 되겠습니까?

중관 그렇습니다. 한 사람의 기억이 실제 기억이기 위해서는 그 기억을 가진 당사자의 실제 경험에 대한 기억이어야 할 것입니다.

후평 그렇다면 실제의 기억을 설명하기 위한 이 선생의 시도는 개인 동일성을 전제하고 있다고 할 수밖에 없습니다. 이 선생에 따르면 한 사람의 기억이 실제 기억이기 위해서는 그 기억이 그 기억을 가진 그 사람 자신의 실제로 겪은 경험에 대한 기억이어야 합니다. 그 말은 현재 일정한 기억을 가지고 있는 사람과 기억을 야기한 경험을 한 당사자가 동일한 한 사람이라는 이야기입니다. 이 선생처럼 기억에 의해 개인 동일성을 설명하려는 시도는 악순환의 오류에 빠질 수밖에 없습니다. 개인 동일성을 기억으로 설명하기 위해서는 그 기억은 실제 기억이어야 하는데, 기억이 실제 기억이냐는 개인

5.5

Francisco de Goya y Lucientes, 〈El coloso〉(1746), Etching with aquatint
285 × 210mm, Zaragoza Burdeos, Madrid

동일성에 근거해야 하니까요. 따라서 기억에 의해 개인 동일성을 설명하려는 시도가 성공하려면, 개인 동일성 개념에 의존하지 않고 실제의 기억을 설명할 수 있어야 합니다.

중관   선생님 말씀처럼 한 사람의 기억이 실제 기억이기 위해서는 그 사람 자신의 경험에 대한 기억이어야 할 것 같습니다. 자기 자신이 아닌 한 누구도 자신의 경험을 실제로 기억할 수는 없을 테니까요. 그렇지만 기억을 포함하여 우리가 가진 전반적인 심리 상태로 시간 속에서의 개인 동일성이 설명될 수 있지 않을까요? 정상적인 인간은 누구나 의식이 있습니다. 어찌 보면 우리는 의식의 흐름 속에 있다고 할 수도 있을 것 같습니다. 지금 나의 의식은 일정한 생각이나 기억, 신념, 욕망, 감정과 같은 심리 상태로 구성되어있을 것입니다. 현재의 나의 의식을 구성하고 있는 심리 상태는 과거 나의 심리 상태로부터 영향을 받아 나타난 결과일 것입니다. 대학생 시절 불같은 사랑을 하다 실연을 당했을 때의 나의 심리 상태는 어떤 방식으로든 현재의 나의 심리 상태에 영향을 주었을 것입니다. 또한 의식의 흐름 속에서 현재의 나의 심리 상태도 미래의 나의 심리 상태에 영향을 줄 것입니다. 의식의 측면에서 보면 인간이란 인과관계와 유사한 관계로 연결된 심리 상태의 연속이라고 할 수도 있을 것입니다.
　　그렇다면 최면과 같이 극단적인 경우가 배제될 수 있 5. 6

는 적절한 관계로 연결된 심리적 연속성으로 개인 동일성이 설명될 수 있지 않을까요?

후평 개인 동일성 개념을 전제하지 않고 적절한 관계로 연결된 심리적 연속성이라는 개념이 이해될 수 있을지 의문이 듭니다. 적절한 관계로 연결된 심리 상태란 생각 자체가 이들 심리 상태들을 묶어주는 동일한 하나의 주체를 상정하는 것 아닐까요? 또한 이 선생이 말한 심리 상태 중 개인 동일성과 가장 밀접히 관련된 것은 기억입니다. 앞에서 살펴보았듯이 '기억'이라는 개념은 개인 동일성을 전제해야만 이해될 수 있는 개념입니다.

어쨌든 이 선생의 새로운 제안에 따르면 지금 내 앞에 있는 이 선생과 지난번 대화 때의 이 선생이 동일한 한 사람인 이유는 그 때의 이 선생의 심리 상태와 현재 이 선생의 심리 상태가 적절한 관계로 연결되어있기 때문입니다.

중관 그렇습니다. 현재의 나의 심리 상태는 지난번 선생님과 만날 당시의 나의 심리 상태로부터 어떠한 식으로든 영향을 받았을 것이고 그때의 심리 상태와 연결되어있습니다.

후평 요즈음 의학의 발달은 경이로울 정도입니다. 인공심장을 이식하는 수술도 성공적으로 이루어지고 있습니다. 한 사람이 인공심장 이식 수술을 받았을 경우 수술 후 새로운 심장을 가진 사람이 수술 전의 사람과 동일한 사람이라는 것을 부정할 사람은 없을 것입니다.

　　과학자들에 의해 멀지 않은 장래에 알츠하이머병 같은 병 때문에 제 기능을 못하는 뇌를 대체할 인공 뇌가 계발되었다 합시다. 이 선생에게 묻겠습니다. 한 사람이 인공뇌 이식수술을 받았을 경우 자신의 뇌 대신 인공뇌를 갖게 된 그 사람은 수술 전의 사람과 동일한 사람입니까? 다시 말해서 만약 이 선생의 뇌가 곧 제 기능을 못하게 되어 치매에 걸리게 된다면 자신의 뇌를 제거하고 인공 뇌를 이식하는 수술을 받을 의향이 있습니까?

중관　이식수술에 수반되는 통증이 경미하고 이식된 인공 뇌가 뇌로서의 기능을 제대로 수행한다면 그럴 것 같습니다. 아니, 잠깐만요.

　　이식된 인공 뇌가 뇌로서 제대로 기능한다 해도 나의 원래 뇌와 전혀 다른 새로운 뇌이므로 수술 후의 나는 내가 누구인지에 대해 어떤 생각도 갖지 못할 것이고 이전의 나의 심리 상태와 어떠한 연관도 갖지 못할 것입니다.

후평　그렇습니다. 만약 이 선생이 이식수술을 받는다면 수술 후의 이 선생의 심리 상태는 수술 전의 이 선생의 심리 상태와 적절한 관계로 연결되어있지 않습니다. 수술 후의 이 선생은 지금 우리가 나누고 있는 대화도 기억하지 못 할 것입니다. 그렇다면 이 선생은 인공뇌를 이식하는 수술을 받지 않겠습니까?

중관 글쎄요. 쉽게 결정할 사안이 아닌 것 같습니다.

후평 이 선생이 주저하는 이유는 수술 후 이 선생의 심리상태가 수술 전의 이 선생의 심리 상태와 단절되어있다는 판단 때문인 것 같습니다. 따라서 심리적 연속성이 개인 동일성을 판단하는 기준이라면 수술 후의 이 선생은 수술 전의 이 선생과 동일한 사람이 아닙니다. 그러나 이 선생이 이식수술을 받지 않는다면, 이 선생은 여생을 치매로 고생하게 될 것입니다. 반면에 새로운 인공 뇌를 갖게 되면 이 선생의 뇌 기능은 정상적으로 작동할 것이고 주위 사람들에 의해 이 선생은 자신의 정체성과 과거에 대해 알 수 있을 것입니다. 아마도 이러한 경우 대부분의 사람들은 인공 뇌를 이식하는 수술을 선택할 것입니다.

5.7   이 선생의 판단을 돕기 위해 새로운 제안을 하겠습니다. 인공뇌에 대한 연구가 활발히 진행되어 인공 뇌에 인간의 두뇌 상태를 그대로 복제하는 기술이 개발되었다고 합시다. 다시 말해서 이 선생의 두뇌 상태를 복제한 인공 뇌를 이식하

게 되면 이 선생의 인공 뇌는 기억을 포함하여 수술 전의 이 선생의 심리 상태를 그대로 나타낸다고 합시다. 만약 두뇌 복제 기능이 적용된 인공 뇌의 이식이 성공적으로 진행된다고 보장된다면 이 선생은 인공 뇌의 이식수술을 받겠습니까?

중관 이식된 인공 뇌가 수술 전의 나의 심리 상태를 그대로 반영한다는 것이 보장된다면 이식수술을 받을 의향이 있습니다. 수술 후의 나는 나의 과거에 대한 기억은 물론 나의 기질이나 성격, 성향을 포함하여 과거의 내 심리적 특징을 그대로 가지고 있을 테니까요.

후평 이 선생이 이식수술을 받았을 경우 이 선생의 뇌는 인공 뇌로 대체되었지만 수술 직후 이 선생의 심리 상태는 수술 전의 심리 상태를 그래도 반영하고 있습니다. 따라서 수술 후의 이 선생은 심리적 연속성을 가지고 있다고 할 수 있습니다.
　　　결국 심리적 연속성의 기준에 따르면 수술 전의 이 선생과 수술 후의 이 선생은 동일한 한 사람이고 이러한 판단이 이 선생이 인공뇌 이식수술을 받을 의향을 갖게 한 이유일 것입니다.

중관 그렇습니다. 수술 전의 나의 뇌와 수술 후의 나의 뇌는 동일한 뇌가 아닙니다. 그러나 수술 직후의 나의 심리 상태는 수술 전의 내 심리 상태를 그대로 반영할 것입니다. 따라서 수술 후의 나는 심리적 연속성을 가지고 있습니다.

5. 8   후평   동일한 뇌가 아니라고 해서 수술 전 이 선생의 심리 상태와 수술 후 이 선생의 심리 상태가 적절히 연결되어있지 않다고 주장하는 것은 심리적 연속성 이외에 두뇌의 동일성이라는 새로운 기준을 적용한 것입니다. 만약 인공 뇌 이식수술이 이 선생에게 사전에 공지되지 않고 비밀리에 행해졌다면, 수술 후의 이 선생은 자신이 인공 뇌를 가지고 있다는 것을 알 수 없을 것입니다. 따라서 심리적인 측면으로만 보면 수술 후 이 선생의 심리 상태는 과거의 이 선생의 심리상태와 심리적 연속성을 가지고 있고, 심리적 연속성의 기준으로 보면 수술 전의 이 선생은 수술 후의 이 선생과 동일한 인간입니다. 또한 이러한 판단이 이 선생이 인공 뇌의 이식수술에 동의한 이유일 것입니다.

중관   그렇습니다. 뇌도 심장처럼 우리의 육체를 구성하는 하나의 기관에 불과합니다. 인공심장 수술을 받았을 경우 이식받은 사람은 이전과 동일한 사람입니다. 마찬가지로 단백질 덩어리인 인공두뇌를 이식받았다는 사실만으로 수술 후의 사람이 수술 전의 사람과 다른 사람이라고 할 수는 없습니다. 따라서 단백질 덩어리인 두뇌가 개인의 동일성을 결정하는 기준이 될 수는 없습니다. 개인 동일성에서 문제가 되는 것은 단백질 덩어리의 동일성이 아니라 그것이 드러내는 심리 상태입니다.

후평 그렇다면 심리적 연속성으로 개인 동일성을 설명하려는 이 선생의 시도는 결코 성공할 수 없습니다. 이 선생의 심리 상태가 그대로 나타날 수 있도록 이 선생의 두뇌 상태를 복제한 인공 뇌가 가능하다면 동일한 인공 뇌를 하나 더 만드는 것도 가능할 것입니다. 이 선생에게 인공 뇌 이식수술을 할 때 갑이라는 사람에게도 이 선생의 두뇌를 복제한 인공 뇌를 이식했다고 합시다. 갑도 이 선생의 두뇌를 복제한 인공 뇌를 가지고 있으므로 인공 뇌를 이식 받은 갑의 심리 상태도 수술 전의 이 선생의 심리 상태와 심리적으로 연속되어있습니다. 따라서 심리적 연속성이 개인 동일성을 결정하는 기준이라면, 갑도 과거의 이 선생과 동일한 사람이어야 하고, 결국 과거의 이 선생과 동일한 두 사람이 존재하게 됩니다.

이 선생도 알다시피, 동일성은 논리학에서 관계로 취급되고 있지만 다른 관계와는 차별되는 특수한 관계입니다. 동일성의 관계는 오직 하나의 대상과 그 대상 자체에만 적용되는 관계이기 때문입니다. 동일성 관계의 이러한 특징 때문에

"A와 B는 동일하다.

A와 C는 동일하다.

_____

그러므로 B와 C는 동일하다."

라는 논증은 타당한 논증입니다.

　　심리적 연속성이 개인 동일성을 결정하는 기준이라면 수술 후의 이 선생은 과거의 이 선생과 동일한 한 사람이고 또한 수술 후의 갑도 과거의 이 선생과 동일한 한 사람입니다. 따라서 앞에서 본 논증에 따라 수술 후의 이 선생과 수술 후의 갑도 동일한 한 사람이어야 합니다. 그러나 이것은 도저히 받아들일 수 없는 결론입니다. 수술 후의 갑과 이 선생은 동일한 시간에 서로 다른 공간을 점유하고 있는 개체들로서 각자 다른 환경에서 나름대로의 삶을 영위해 갈 독립체이기 때문입니다. 이해관계가 상충할 경우 이 둘은 적대적인 관계가 될 수도 있을 것입니다. 이 선생의 두뇌를 복제한 인공 뇌가 가능하다면 이러한 인공 뇌를 대량 생산하는 것도 가능할 것입니다. 이 선생의 두뇌를 그대로 복제한 100개의 인공 뇌를 만들어 이를 100명의 사람에게 이식했다 합시다. 심리적 연속성에 의존하여 개인 동일성을 판단한다면 100명의 서로 다른 사람이 동일한 한 사람이라는 불합리하고 모순적인 결과를 야기합니다. 따라서 심리적 연속성은 개인 동일성

Rembrandt van Rijn 〈Philosopher in meditation.〉(1632), Oil on panel
29×33cm, Musée du Louvre, Paris

을 설명하는 기준이 될 수 없습니다.

중관   오늘 선생님께서 보이는 모습은 평소와는 다른 것 같습니다. 선생님의 논지는 합리적이지도 정합적이지도 않은 것 같습니다.

후평   왜 그렇게 느낍니까?

중관 어제의 내가 오늘의 나와 같다는 판단은 가장 확실한 판단 중 하나일 것입니다. 과거의 나와 오늘의 내가 동일하다는 개인 동일성에 대한 믿음이 없다면 삶 자체도 불가능할 것입니다. 그러나 선생님께서는 영혼의 동일성도 기억 이론이나 심리적 연속성도 개인 동일성을 위한 기준이 될 수 없다고 논파하셨습니다. 영혼이 존재하지 않는다면 인간은 살덩어리인 육체에 불과합니다. 따라서 기억이나 심리 상태로도 개인 동일성을 설명할 수 없다면, 개인 동일성의 기준은 육체에 의존해야 할 것입니다. 그러나 결단코 육체에 의존하여 개인 동일성을 설명할 수는 없을 것 같습니다. 우리의 육체는 동일성의 기준이 될 만한 항구적인 요소를 가지고 있지 않으니까요. 육체는 음식을 통해 영양분을 흡수하고 배설하며 끊임없이 변하고 있습니다. 처음에 나의 육체는 하나의 세포로 시작했을 것이지만, 지금의 나는 수백만 개의 세포로 이루어져 있습니다. 아마도 30년 전의 나와 지금의 나는 그 모습은 물론 구성 요소도 완전히 다를 것입니다.

시·공적 연속성과 개인 동일성의 문제

후평 이 선생은 혹시 인문대 앞에 있는 은행나무를 기억하십니까?

중관　기억하고말고요. 우리 대학을 상징하는 나무 아닙니까? 가을에 은행잎이 수북히 깔린 은행나무 아래서 야외 수업을 했던 기억도 있습니다.

후평　그 은행나무는 최소한 수령이 500년 이상 되었을 것이지만, 처음에는 작은 씨앗으로부터 시작됐을 것입니다. 그 은행나무도 뿌리로 물과 자양분을 빨아들이고 잎으로는 광합성을 하면서 끊임없이 변하고 있습니다. 몇 년 전에는 길게 뻗은 큰 가지 하나가 말라 죽어서 그 멋진 가지를 잘라내야 했습니다. 우리의 육체처럼 그 은행나무는 끊임없는 변화의 과정 속에 있지만, 나는 물론 이 선생도 그 나무가 이 선생이 학창시절에 인문대 앞에서 보았던 그 은행나무와 동일한 나무라는 데 의문을 제기하지 않을 것입니다. 끊임없는 변화의 과정 속에 있는 그 은행나무를 왜 우리는 과거의 그 은행나무와 동일한 나무라고 판단하는 것일까요?

중관　그 은행나무는 씨앗이 발아하면서부터 지금까지 한 장소에 있었습니다. 또한 그 나무는 자양분을 흡수하여 성장하며 끊임없이 변화하고 있지만, 그 변화는 점진적인 변화입니다.

후평　인간에게도 그 은행나무와 비슷한 설명이 적용될 수 있을 것 같습니다. 인간도 음식을 통해 영양분을 흡수하고 잉여 음식물을 배설을 통해 배출하며 변화하고 있고 그 변화도 은행나무처럼 점진적인 변화입니다. 또한 인간은 동물이라서 한 장소에 머물러있지는 않지만, 영화 〈플라이The Fly〉(1986)에서처럼 텔레포트tele-port를 하지 않는 한 인간의 움직임은 시간과 공간 속에서 연속되어있습니다. 인간의 육체나 은행나무의 이러한 연속되고 점진적인 변화를 시·공적 연속성이라 한다면 인간의 육체는 끊임없이 변화하지만, 변화의 과정상에 있는 인간의 육체는 시·공적 연속성을 가지고 있다고 할 수 있습니다.

5.9 　　　인문대 앞의 은행나무처럼 지금의 이 선생은 30년 전의 이 선생에 비해 몰라볼 정도로 변했지만, 지금의 이 선생의 육체는 30년 전의 이 선생의 육체로부터 시·공적으로 연속되어있습니다. 따라서 육체의 시·공적 연속성에 의해 지금의 이 선생과 30년 전의 이 선생이 동일한 한 인간이라는 것이 설명될 수 있습니다.

중관　선생님 말씀처럼 30년 전의 나의 몸은 현재의 내 몸과 시·공적 연속성을 가지고 있습니다. 나의 몸처럼 우주를 구성하는 개체들 각각은 시·공적 연속성을 가지고 있을 것이고 따라서 시·공적 연속성으로 그것들 각각이 동일한 개체라는 것이 설명될 수 있을 것입니다. 그러나 개인 동일성은 근본적으로 외부에 존재하는 개체들이 동일한 개체인가를 설명하는 문제는 아니라 생각됩니다. 개인 동일성의 핵심은 우리 인간은 각자 자신이 과거의 자신과 동일한 한 사람이라고 판단하고 있는데, 이러한 판단이 어떻게 정당화될 수 있는가의 문제일 것입니다. 따라서 개인 동일성의 문제는 의식이 있는 인식주체로서 자기 자신과 관련된 문제입니다.

선생님께서 오늘 아침에 일어나서 저를 만나기 위해 이곳으로 오시기 전에 선생님은 의식하시지 못했을지는 모르지만, 자신이 과거의 자신과 동일한 사람이라는 판단을 하셨을 것입니다. 선생님의 이러한 개인 동일성의 판단을 위해서 선생님 자신의 육체를 확인할 필요는 없을 것입니다. 선생님이 주무시는 동안 외계인이 선생님을 납치하여 다른 장소로 옮기고 선생님의 몸을 알아보지 못할 정도로 변하게 했다고 해도 선생님이 잠에서 깨어날 때는 자기 자신이 이전의 자신과 동일한 사람이라는 믿음을 가지고 계실 것입니다.

지난번에도 말씀드렸듯이 인간의 육체는 화학물질로 구성된 고깃덩어리에 불과합니다. 이러한 고깃덩어리의 시·공적 연속성은 다른 사람의 개인 동일성을 설명해줄 수 있을지 모르지만 인식주체 각자가 판단하는 과거의 자신과 동일하다는 믿음을 설명해줄 수 없습니다.

후평   이 선생의 말처럼 개인 동일성의 문제는 과거의 자신과 현재의 자신이 동일한 사람이라고 믿는 의식을 가진 인식 주체와 관련하여 발생하는 문제입니다. 만약 자의식이 있는 인식주체가 존재하지 않는다면, 개인 동일성의 문제는 제기조차 되지 않았을 것입니다. 이러한 특징 때문에 일부 학자들은 개인 동일성을 자아동일성이라고 명명해야 한다고 주장하기도 합니다.

　　내가 개인 동일성을 설명하는 한 방식으로 육체의 시·공적 연속성을 거론하는 이유는 시·공적 연속성이 시·공간 속에 존재하는 대상들의 동일성을 설명하는 하나의 대안이 될 가능성이 있기 때문입니다. 예외적인 경우가 있지만 은행나무의 예에서 본 것처럼 우리 주위에 존재하는 개체가 과거의 그 개체와 동일한 개체라는 것을 설명하는 데 시·공적 연속성은 일정한 설득력을 가지고 있습니다.

5. 10　　그러나 나도 육체의 시·공적 연속성으로 개인 동일성을 설명하는 것은 잘못된 시도라 생각합니다. 이 선생은 《누가 줄리아인가?》라는 책을 아십니까?

중관　제목이 생소한 것으로 보아 제가 읽은 책은 아닌 것 같습니다.

후평　1972년에 바바라 해리스Barbara Harris가 저술한 책으로 개인 동일성의 문제를 다룬 소설입니다. 책의 내용이 영화로도 제작된 것으로 알고 있습니다. 이 소설 속에서 줄리아 노스라는 젊은 여자는 전차 선로에서 놀고 있던 아이를 구하려다 전차에 치이는 사고를 당하게 되고 아이의 어머니인 메리 뷰딘은 이 처참한 사고를 목격한 충격으로 뇌졸중에 걸렸습니다. 이 둘은 한 종합병원으로 급히 이송되었는데, 줄리아 노스의 육체는 회복 불가능할 정도로 심한 손상을 입었지만 다행히도 두뇌는 아무런 손상도 입지 않았습니다. 반면에 메리 뷰딘은 뇌졸중의 여파로 두뇌는 제 기능을 상실했지만 두뇌를 제외한 육체는 전혀 손상을 입지 않았습니다. 마침 그들이 이송된 종합병원에는 저명한 신경외과 의사인 매튜 박사가 근무하고 있었는데 그대로 방치하면 두 사람 모두가 치명적인 상태에 빠질 수밖에 없다고 판단한 그는 이 둘을 대상으로 두뇌 이식수술을 시행했습니다. 즉 메리 뷰딘의 몸에서 기능을 상실한 뇌를 제거하고 대신에 줄리아 노스의 뇌를 이식했습니다. 이 경우 수술 후 살아남은 사람은 누구일까요?

중관   수술 후 살아남은 사람은 메리 뷰딘의 몸을 가지고 있지만, 자신이 줄라아 노스라고 믿고 있을 것이고 줄리아 노스의 기억을 가지고 있을 것입니다. 개인적으로는 살아남은 사람은 줄리아 노스라 해야 할 것입니다. 이러한 내 생각은 심리적 연속성에 의거한 판단입니다. 그러나 선생님은 심리적 연속성에 의거해 개인 동일성을 판단하는 것은 결정적인 문제점을 안고 있다는 것을 논리적으로 설득하셨습니다. 저에게 선생님의 논지를 반박할 능력이 있을 것 같지 않습니다.

　　육체의 시·공적 연속성으로 판단하면 살아남은 사람은 메리 뷰딘이어야 합니다. 두뇌를 제외하면 살아남은 사람은 메리 뷰딘의 몸을 가지고 있으므로 살아남은 사람의 육체와 수술 전의 메리 뷰딘의 육체는 시·공적 연속성을 가지고 있다고 해야 할 테니까요. 그렇지만 살아남은 사람은 과거에 대한 기억은 물론 메리 뷰딘의 어떠한 심리적 특징도 나타내지 않을 것이고 자신을 메리 뷰딘이 아니라고 믿고 있을 것입니다.

후평　시·공적 연속성의 기준을 따르면, 이 경우 메리 뷰딘이 살아남은 것이고 그녀는 자신이 줄리아 노스라고 그릇되게 믿고 있는 것입니다. 또한 줄리아 노스와 관련된 그녀의 기억은 실제의 기억이 아니고 거짓 기억입니다.

　　이미 말했듯이 나는 육체의 시·공적 연속성에 의해 개인 동일성을 설명하려는 시도를 긍정적으로 생각하지 않습니다. 줄리아 노스의 예를 든 것은 시·공적 연속성으로 개인 동일성을 설명하려는 시도가 야기하는 문제점을 보이기 위해서입니다.

　　줄리아 노스의 경우를 조금 변경해보겠습니다. 전차에 치인 줄리아 노스는 그 자리에서 즉사했다고 합시다. 따라서 메튜 박사는 메리 뷰딘의 몸에 줄리아 노스의 뇌를 이식할 수 없었고 대신에 인공 뇌를 이식했다고 합시다.

　　원래의 경우는 살아남은 사람과 심리적 연속성을 가지고 있는 줄리아 노스의 뇌와 메리 뷰딘의 몸이 결합된 경우입니다. 따라서 심리적 연속성과 육체의 시·공적 연속성이라는 개인 동일성을 결정하기 위한 두 기준이 서로 상충하는 경우입니다. 그러나 새로 제시한 예에서는 이러한 충돌이 나타나지 않습니다. 따라서 이 경우 메리 뷰딘의 몸에 인공 뇌가 이식된 개체가 수술을 통해 살아남았다고 한다면 시·공적 연속성의 기준에 따라 살아남은 자는 메리 뷰딘이어야 합니다.

　　이 선생은 〈로보캅〉(1987)이라는 영화를 보셨습니까?

중관　어렸을 때 본 영화입니다. 중상을 입은 형사에게서 적출된 뇌를 이용해 만들어진 인조인간의 활동을 그린 영화로 기억하고 있습니다.

후평　메리 뷰딘의 몸에 인공 뇌를 이식한 것은 로보캅의 경우를 반대로 적용한 것이라 할 수 있습니다. 로보캅의 경우는 뇌를 제외한 몸이 인공적으로 만들어진 것이고, 내가 든 예의 경우는 몸을 제외한 뇌만 인공적으로 만든 것입니다.

　　상황을 조금 극단적으로 바꾸어보겠습니다. 줄리아 노스는 즉사했고 메리 뷰딘도 자동차에 치여 머리를 포함한 몸의 4분의 1이 회복 불가능할 정도로 중상을 입었다 합시다. 이 경우 매튜 박사가 메리 뷰딘의 몸에서 회복 불가능한 4분의 1의 몸을 제거하고 남은 4분의 3의 육체를 이용해 인조인간을 만들었다 합시다. 이 경우 수술을 통해 메리 뷰딘이 살아남은 것이라 할 수 있을까요?

중관   육체의 시·공적 연속성으로 개인 동일성을 판단한다면 메리 뷰딘의 몸의 4분의 3은 수술 후에도 남아있으므로 수술 후의 인조인간은 메리 뷰딘과 시·공적 연속성을 가지고 있다고 해야 할 것 같습니다. 그러나 이러한 극단적인 수술을 통해 메리 뷰딘이 살아남았다고 할 수는 없을 것 같습니다.

후평   메리 뷰딘의 하반신만 살아남았을 경우도 왼쪽 반 만 손상을 입지 않았을 경우도 상상할 수 있을 것입니다. 메리 뷰딘의 하반신만을 이용하여 인조인간을 만든 경우와 왼쪽 반만을 이용하여 인조인간을 만들었을 경우 메리 뷰딘이 살아남았다고 할 수는 없을 것입니다. 따라서 육체의 시·공적 연속성으로 이러한 경우를 설명하기 위해서는 이 경우에는 수술 후의 개체는 메리 뷰딘의 육체로부터 시·공적으로 연결되어있지 않다고 해야 합니다. 그렇다면 육체의 시·공적 연속성이 인정되는 경우와 인정되지 않는 경우를 구별하는 기준이 무엇입니까? 자의적이 아니라면 이러한 구별을 위한 기준은 가능하지 않을 것입니다.

중관　육체가 시·공적으로 연속되어있다는 것과 그렇지 않다는 것을 구별할 합리적이고 상식적인 기준을 세우는 것은 불가능할 것 같습니다. 그러나 선생님이 드신 예들은 일상생활에서 찾아볼 수 없는 극단적인 경우입니다.

후평　내가 든 예들이 현실화된 경우는 없을지라도 과학이 발달하고 의지가 있다면 현실화될 가능성이 있다고 생각합니다. 얼마 전 신문에서 두 마리의 원숭이를 대상으로 진행된 기발한 실험에 대한 기사를 읽었던 것이 생각납니다. 이 실험을 수행한 과학자는 두 마리 원숭이 A와 B의 머리와 몸을 분리해서 A의 머리를 B의 몸에 B의 머리는 A의 몸에 결합시켰습니다. 현대 과학의 수준으로는 중추신경을 연결하는 것이 난관이지만 실험은 어느 정도 성공하여 두 마리의 원숭이는 자극에 반응을 하며 며칠간 생존했다 합니다. 이 경우 시·공적 연속성은 머리에 적용되어야 합니까? 아니면 머리를 제외한 몸에 적용되어야 합니까? 신문 기사의 내용이 사실이라면, 이 경우는 육체의 시·공적 연속성으로 개인 동일성을 설명하려는 시도의 어려움을 드러낸 구체적 사례입니다.

　　조금 더 극단적인 예를 들어보겠습니다. 한 과학자가 인간의 몸을 대칭이 되게끔 정확하게 2등분하여 이들을 인조

Francisco José de Goya y Lucientes, 〈Capricho No. 43 《El sueño de la razón produce monstruos》〉(1799),
etching with aquatint

인간으로 만들었다고 합시다. 따라서 각각의 인조인간은 원
래 인간의 육체의 반을 소유하고, 또한 원래 두뇌의 절반씩
을 소유하고 있으므로 두 인조인간 모두가 자신이 원래 인간
과 동일한 사람이라고 믿고 있다고 합시다. 이 경우 어느 한
인조인간에게만 시·공적 연속성이 적용된다고 할 수는 없을
것입니다. 두 인조인간 각각은 원래 인간의 육체를 절반씩
나누어 소유하고 있으니까요. 만약 두 인조인간 모두가 원래
인간으로부터 시·공적으로 연속되어있다고 한다면, 동일성

관계의 특징상 우리는 동일한 시간에 존재하는 두 개의 서로 다른 개체가 동일한 하나의 개체라는 모순적인 주장을 하고 있는 셈입니다.

중관   선생님께서는 영혼, 기억 이론, 그리고 심리적 연속성도 개인 동일성을 설명할 수 있는 기준이 될 수 없다는 것을 합리적이고 논리적으로 설명하셨습니다. 그런데 이제는 육체에 의해서도 어제의 나와 오늘의 내가 동일하다는 것을 설명할 수 없다고 주장하고 계십니다. 또한 개인 동일성을 설명할 수 있는 다른 방법이 있을 가능성도 없어 보입니다. 그렇다면 어제의 내가 오늘의 나와 동일한 한 사람이라는 우리의 판단은 어떠한 합리적인 근거도 가질 수 없는 헛된 믿음에 불과하다는 얘기가 됩니다. 그러나 어제의 나와 오늘의 내가 동일하다는 개인 동일성에 대한 우리의 믿음은 우리의 생존을 위해 필수적으로 요구됩니다. 만약 어제의 나와 오늘의 내가 동일한 한 사람이 아니라면 어제의 나는 이 세상에 더 이상 존재하지 않을 테니까요.

　학부 시절 선생님의 강의를 들으면서도 느낀 것이지만 선생님이 전공하신 분석철학은 건설적이라기보다는 파괴적입니다. 선생님께서는 지금도 자신의 생존과 관련된 개인 동일성에 대한 믿음이 전혀 근거 없고 합리적이지 않다고 주장하고 계십니다.

후평 항상 이지적이고 침착한 이 선생이 오늘은 조금 흥분한 것 같습니다. 내가 오늘 주장한 것이 진실이어서 개인 동일성에 대한 합리적인 기준이 불가능하다고 합시다. 그렇다고 달라질 것은 없습니다. 내일 아침에 일어나면 나는 평상시처럼 강의를 하러 학교에 가고, 점심시간에는 아마도 학교 구내식당에서 밥을 먹을 것입니다. 내가 내일 하게 될 이러한 행위들은 오늘의 나와 내일의 내가 동일한 한 사람이라는 믿음이 전제되어야만 가능한 일입니다. 개인 동일성에 대한 우리들의 믿음은 논리적인 추론이나 비판적인 정당화 과정을 거쳐 얻어진 것이 아니라 자연스럽게 형성된 것입니다. 오늘 밤에 내가 아내와 한 이불을 덮고 잠든다고 해도 나는 결코 불륜을 저지르고 있다고 생각하지 않을 것입니다.

5. 11 오늘 나는 개인 동일성을 설명하려는 가능한 모든 시도가 심각한 문제점을 안고 있어서 개인 동일성을 위한 합리적인 기준으로 고려될 수 없다는 것을 밝히려 노력했습니다. 만약 나의 주장이 옳다면 개인 동일성에 대한 우리의 믿음을 정당화할 어떤 기준도 성립할 수 없습니다. 따라서 극단적인 측면에서 보면 우리는 존재하는 매 순간순간 이전과 동일하다고 할 수 없는 새로운 개체로 살고 있다는 이야기도 가능할 것입니다.

그렇다고 해서 나는 결코 어제의 이 선생과 오늘의 이 선생이 다르다고 주장하는 것이 아닙니다. 어제의 나와 오늘의 나 그리고 미래의 내가 모두 동일한 한 사람이라는 우리의 믿음은 태어나면서 자연스럽게 형성된 믿음입니다. 우리의 생존은 이러한 믿음에 근거해있으니까요. 이러한 믿음을 정당화할 합리적인 기준이 불가능하다는 나의 주장은 개인 동일성에 대한 우리의 믿음은 합리적인 근거에서 나온 것이 아니라 집착이나 미망과 같은, 불교 용어로 이야기하자면 무명無明의 소산이라는 것입니다.

이 선생은 어제의 이 선생과 오늘의 이 선생이 동일한 사람이라는 믿음을 정당화할 합리적인 기준이 있을 수 없다는 사실을 매우 중차대한 일로 간주하고 있는 것 같습니다. 그러나 개인 동일성을 설명할 수 있는 합리적인 기준이 없다는 것을 안다고 해서 크게 달라질 것은 없습니다. 우리는 변함없이 과거의 나와 지금의 나 그리고 미래의 내가 동일한 한 사람이라는 믿음으로 생활해나갈 테니까요. 오히려 개인 동일성에 대한 믿음을 정당화할 합리적인 기준이 없다는 것을 깨닫는 것은 긍정적인 요소로 작용할 수 있습니다.

불교에서는 일체의 현상이 끊임없이 변한다는 제행무상諸行無常과 모든 만물은 자아라 할 수 있는 실체가 없다는 제법무아諸法無我를 가르칩니다. 그럼에도 불교는 미물을 포함하여 모든 중생을 대상으로 하는 대자대비大慈大悲의 사랑을 강조합니다. 세상에는 자기 자신과 자신의 가족의 부와 명예를 위한 이기주의와 이에 따른 부정부패가 만연해있습니다. 이러한 현상이 나타나는 근본적인 이유는 자기 자신과 자신의 소유라 여기는 것에 대한 지나친 집착 때문입니다. 어제의 나와 오늘의 내가 동일한 한 사람이라는 것을 설명할 합리적인 근거가 없음을 깨닫는 것은 이러한 집착과 이기주의를 극복하는 데 도움이 되지 않을까요? 또한 이러한 깨달음은 우리와 유사한 운명에 처한 다른 사람들과 생명체들을 연민과 사랑의 감정으로 대하게 하는 데 도움이 될 수도 있을 것입니다.

5. 1 일반적으로 개체의 동일성을 결정하는 기준은 라이프니츠의 구별 불가능자의 동일성 법칙을 따르고 있다. 이 법칙은 2차 술어 논리에서 아래처럼 도식화될 수 있다.

$$(\forall x)(\forall y)((\forall P)(Px \leftrightarrow Py) \rightarrow x=y)$$

이 법칙에 따르면 만약 두개의 개체 x와 y가 소유한 속성이 동일하면 x와 y는 동일한 하나의 개체이다. 일반적으로 이 법칙은 개체들을 구분하는 원칙이나 개체들의 동일성을 결정하는 원리로 사용되고 있다. 그러나 이 법칙은 시간 속에서 끊임없이 변화하고 있는 개체는 대해서는 적용될 수 없는 법칙이다. 모든 물리적 개체들은 필연적으로 시간 속에서 변화의 과정을 겪을 것이므로 동일한 개체일지라도 서로 다른 시간에 다른 속성을 가질 수 있을 것이기 때문이다.

5. 2 이러한 입장은 영혼의 동일성에 의거해 개인 동일성을 설명하

려는 시도로서 이러한 입장을 주장하는 이론을 '영혼의 동일성'에 의거한 이론이라 할 수 있다. 영혼의 동일성에 의거한 이론은 시간 속에 변화하는 개인 동일성의 기준은 비물질인 영혼의 동일성에 기초해야 한다는 이론이다.

인간의 개별화와 동일성의 기준을 영혼(정신)의 동일성에서 찾는 이론을 고수하는 대표적인 예는 플라톤과 데카르트 그리고 기독교 전통의 교리에서 찾을 수 있다. 이들 외에도 버틀러Joseph Butler와 리드Thomas Reid 등의 근세 철학자들이 이러한 입장을 견지했던 것으로 보이고, 현재에는 루이스H. D. Lewis 등이 이 입장을 고수하고 있다.

이 이론에 따르면 시간 속에서 계속해서 변화하는 한 인간이 동일한 한 인간인 이유는 그가 계속해서 동일한 하나의 영혼을 소유하고 있기 때문이다. 이 이론에 의하면 일정한 시간 t에서의 한 인간과 t 이후의 시간 t'에서의 한 인간에 동일한 한 영혼이 거주하고 있다면 t에서의 인간과 t'에서의 인간은 동일한 한 인간이다. 따라서 t와 t'에서 동일한 한 영혼이 서로 다른 육체에 거주할지라도 t에서의 인간과 t'에서의 인간은 동일한 한 인간으로 취급되어야 한다. 이 이론은 육체적 죽음 이후에 육체와 분리된 정신적 실체로서의 영혼이 존재할 가능성을 허용하므로, 이 이론에서는 육체의 사멸 이후의 영생과 같은 종교적 신앙이 쉽게 설명될 수 있다.

5. 3   기억 이론은 기억으로 개인 동일성을 설명하려는 시도다. 이 이론에 따르면 일정한 시간 t에서의 A는 시간 속에서 계속되는 A의 시간적 단계들이고, t에서의 A와 t 이후의 시간 t'에서의 A가 동일한 하나의 인간이기 위해서는 t'에서의 A는 t에서의 A에 대한 기억을 가지고 있어야 한다.

5. 4　기억 이론은 기억상실증의 경우처럼 망각이나, 잘못된 기억의 경우들을 설명하는 데 난점을 가지고 있다. 한 사람이 기억상실증에 걸렸을 경우 그 사람은 자신의 과거를 기억하지 못할 것이고 따라서 기억 이론에 의해서는 기억상실증에 걸리기 전의 사람과 후의 사람이 동일한 한 사람이라는 것이 설명될 수 없기 때문이다. 이러한 난점을 극복하기 위해 퀸톤Anthony Quinton과 그라이스Herbent Paul Grice 같은 철학자들은 기억들 사이에 성립하는 인과관계로 개인 동일성을 설명한다.

5. 5　버틀러는 '기억' 이라는 개념이 개인 동일성을 전제해야만 가능한 개념이므로 기억에 의해 개인 동일성을 설명하는 것은 악순환의 오류에 빠진다고 주장했다.

5. 6　심리적 연속성에 의거한 이론은 개인이 나타내는 기억, 성격, 믿음, 욕망 등의 심리적 특징들이 갖는 심리적 연속성에 의거하여 개인의 동일성을 설명하는 이론이다. 이 이론은 개인이 소유한 심리적 특징 중 어느 것을 중시하느냐에 따라 다양한 형태로 나뉠 수 있다. 한 예로, 소위 기억 이론을 주장하는 로크나 퀸톤, 그라이스 등은 그 구체적인 내용은 다르나 개인의 동일성을 설명하는 심리적 특징으로 기억을 중시하고 있다. 반면에, 슈메이케Sydney Shoemaker 등은 기억을 포함하여 믿음, 성격, 욕망 등 개인이 보이는 심리적 특징 모두의 심리적 연속성에 의거하여 개인의 동일성을 설명하고 있다.

　　　개인의 동일성을 심리적 연속성에 기초하여 설명하는 이 이론은 개인 동일성을 설명하는 이론 중 철학사적으로 가장 주목받는 이론이고, 지금도 심각한 논의의 대상이 되고 있는 이론이다. 이 이론에 따르면 두뇌 이식수술이나 변신의 경우와 같이 개인 동일성과 관련된 논란이 되는 경우들이 설득력 있게 설명된다. 한 예로, 이 이론에 따르면 B의 몸에 A의 두뇌가 이식되었을 경우 이식수술 후에 살아남은 사람은 A라는 상식적인 직관이 두뇌의 동일성에 의존하지 않고도 설명된다. 이식수술 후에 살아남은 A의 두뇌와 B의 몸을 가진 인간의 기억과 성격, 믿음과 같은 심리적인 상태들은 수술 전의 A의 심리적 상태들과 연결되어있고 연속되어있을 것이기 때문이다.

5. 7 자신의 논문에서 윌리엄스는 두뇌 속의 정보를 저장하고 재생할 수 있는 기계장치와 관련된 사고 실험을 묘사하고 있다.

a라는 기계장치는 개인의 두뇌 속에 저장되어있는 정보를 추출하여 저장하고, 저장된 정보를 다른 두뇌에 원래대로 정확하게 재생산할 수 있는 장치이다. 두 사람 A와 B가 실험 대상으로 선택되었고, 이 기계장치가 완벽하게 작동하여 A와 B의 두뇌 속에 저장된 모든 정보가 정확하게 서로 교환되었다.

위에 묘사된 사고실험에서 기계장치를 통과한 후의 A는 B의 두뇌의 정보를, B는 A의 두뇌의 정보를 가지게 될 것이다. 이 경우 기계장치를 통과한 후 B의 두뇌 정보와 A의 몸을 가진 인간을 A*, A의 두뇌 정보와 B의 몸을 소유한 인간을 B*라 하자.
윌리엄스는 이 기계장치를 통과하기 전의 A는 통과한 후의 A*와 B* 중 누구와 동일한 사람인가에 대해 묻고 있다. 심리적 연속성으로 개인의 동일성을 설명하는 이론에 따르면 통과 전의 A와 동일한 인간은 B*이다. A와 B*는 심리적 연속성의 관계를 가지고 있기 때문이다.

5. 8 두뇌의 동일성에 의거한 이론은 시·공속에서 계속해서 변화하는 개인의 동일성에 대한 설명은 두뇌의 동일성에 기초해야 한다는 이론이다. 이 이론에 따르면 t에서의 인간과 t 이후의 시간 t'에서의 인간이 동일한 한 인간이기 위해서는 t'에서의 인간은 t에서의 인간과 동일한 두뇌를 소유해야 한다. 두뇌의 동일성을 개인의 동일성을 위한 판단의 기준으로 삼는 이 이론은 두뇌 이식의 경우에서 개인의 동일성을 육체의 동일성에 의해 설명할 때 야기되는 어려움을 해결하기 위한 시도라 할 수 있다.

한 사람 A의 두뇌를 A의 몸으로부터 분리하여 두뇌가 제거된 다른 사람 B의 몸에 이식하는 것은 현대 의학계에서 아직까지 실행되지는 않았으나, 논리적으로도 물리적으로도 가능하다. 이 경우 현대 과학에서의 설명이 옳다면 이식수술 후의 A의 두뇌와 B의 몸을 가진 인간은 A의 생각, 기억 등을 소유하고 있고, 자신을 A라 여기며 생활하게 될 것이다. 만약 이식수술로 살아남은 사람은 B가 아니고 A라는 것이 우리의 상식적 직관이라면, 육체적 동일성으로 개인의 동일성을 설명하는 이론은 이러한 우리의 상식적 직관에 위배된다. 이식수술 후 B는 하나의 기관이라 할 수 있는 두뇌만을 제공받은 것이므로 이식수술 후의 생존자의 육체는 B의 육체와 적절한 시·공적 연속성을 가지고 있다고 해야 할 것이기 때문이다.

두뇌의 동일성으로 개인의 동일성을 설명하는 이론은 육체의 동일성을 기초로 하는 이론이 안고 있는 이러한 어려움을 해결해준다. 이식수술 후의 인간과 동일한 인간은 동일한 두뇌를 소유한 A이기 때문이다. 그러나 저자의 생각으로는 이 이론은 개인의 동일성을 설명하는 적절한 이론으로 평가되어서는 안 될 것으로 보인다. 우선 두뇌란 육체를 구성하는 기관의 하나인 물질 덩어리에 불과하고, 또한 두뇌 이식수술의 경우 우리가 'A

가 수술 후에 살아남았다'라는 직관을 가지게 되는 이유는 두뇌라는 물질 덩어리가 동일하기 때문이기보다는 수술 후의 인간이 보이는 심리적 특징 때문일 것이기 때문이다.

5.9 이러한 생각은 육체의 동일성에 의거해 개인 동일성을 설명하려는 시도라 할 수 있다. 인간의 육체는 4차원의 세계 속에서 끊임없이 변화하고 있고 일정한 시간 t에서의 인간의 육체와 t 이후의 시간 t'에서의 그 인간의 육체는 다른 형태와 다른 물질들로 구성되어있다고 할 수 있다.

이 이론을 주장하는 대부분의 철학자들은 육체의 시·공적 연속성에 의거해서 개인의 동일성을 설명하고 있다. 이 이론에서 동일성의 기준으로 제시되고 있는 시·공적 연속성은 인간은 물론 무생물까지도 포함한 우주 속에 존재하는 거의 모든 개체들에게 적용될 수 있는 기준이라 할 수 있다. 이 이론은 일상생활 속에서의 개인의 동일성에 대한 우리의 판단을 잘 설명해주고 있다. 그러나 이 이론은 육체적 죽음 이후의 영생에 대한 우리의 신념이나 카프카의 소설 《변신》에서 제시된 한 인간이 다른 육체를 가질 가능성은 설명하지 못한다. 개인의 동일성을 판단하는 기준으로 육체적 기준을 중시하는 대표적 철학자들은 웅거Peter Unger와 윌리엄스 등을 들 수 있다.

윌리엄스가 제시한 사고실험에서 육체의 동일성으로 개인의 동일성을 설명하는 이론에 따르면 A의 육체와 적절한 시·공적 연속성을 가진 인간은 A*이므로 A와 A*가 동일한 인간이어야 한다. 반면에 심리적 연속성의 기준에 따르면 A와 동일한 인간은 B*이다. 그러나 이 두 가지 답변만이 윌리엄스의 물음에 대한 선택지들이 아니다. B*의 육체는 A의 육체에 대해 적절한 시·공적 연속성이 결여되어있고, A*는 A에 대해 심리적 연속성이 결여되어있으므로, A*도 B*도 A와 동일한 사람이 아니라는 답변도 설득력이 있는 답변일 것이기 때문이다. 만약 세 번째 답을 윌리엄스의 질문에 대한 타당한 선택지라고 한다면 개인의 동일성을 육체의 동일성으로 설명하는 이론도, 심리적 연속성으로 설명하는 이론도 타당한 이론으로 받아들여질 수 없다.

육체적 기준과 심리적 기준이 결합된 이론은 윌리엄스의 물음에 대해 세 번째 답이 옳다는 직관을 설명해주는 이론이다. 이 이론에 따르면 일정한 시간 t에서의 인간과 t 이후의 시간 t'에서의 인간이 동일한 인간이기 위해서는, t에서의 인간의 육체는 t'에서의 인간의 육체와 적절한 시·공적 연속성의 관계를 가져야 함과 동시에, t에서의 인간의 심리적 상태와 t'에서의 인간의 심리적 상태 사이에는 심리적 연속성의 관계가 성립해야 한다.

개인의 동일성을 설명하는 기준으로 육체적 기준과 심리적 기준을 동시에 중시하는 이 이론을 선호하는 대표적 철학자가 가렛Brian Garrett이다.

5. 10 《Who is Julia?》는 바바라 해리스가 개인 동일성의 문제를 주제로 다룬 소설이다. 페리는 그의 책 《A Dialogue on Personal Identity and Immortality》에서 《Who is Julia?》의 내용을 다룬다. 자신의 책에서 그는 개인 동일성을 설명하는 이론으로 육체의 동일성 이론을 옹호하고 있다. 즉 그에 따르면 수술 후 살아남은 사람은 줄리아 노스가 아니라 메리 뷰딘이다.

5. 11 앞에서 살펴보았듯이 개인 동일성을 설명하려 시도하는 다양한 이론이 있으나 이들 모두는 심각한 논리적·형이상학적 문제점을 안고 있다. 이러한 이유로 파핏Derek Parfit과 같은 철학

자는 개인 동일성이라는 개념을 포기하고 대신 '생존'이라는 개념을 설명하려 시도하기도 했다. 개인적으로 필자는 시·공 속에서 끊임없이 변화하는 인간의 동일성을 설명하려는 어떠한 시도도 근본적 한계에 직면할 수밖에 없을 것이라 생각한다. 개인 동일성과 관련된 이러한 어려움은 불가의 기본 교리 중 하나인 제법무아諸法無我를 설명하는 하나의 방편으로 사용될 수 있을 것이다.

참고문헌

죽음에 대한 에피큐리언의 견해

Brückner, Anthony L. and Fischer, John Martin. "Why is Death Bad?", *Philosophical Studies*. Vol.50, No.2, 1986.

Feinberg, Joel. *Harm to Others*. Oxford University Press, 1984.

Feldman, Fred. "Some Puzzles about the Evil of Death", *The Philosophical Review*. Vol.100, No.2, 1991.

Lucretius, *De Rerum Natura(On The Nature of Things)*. Ed. E. J. Kenny. Cambridge: Cambridge University Press, 1984.

Nagel, Thomas. "Death", *Mortal Questions*. Cambridge: Cambridge University Press, 1979.

Nozick, Robert. "On the Randian Argument", *Reading Nozick*. Ed. Jeffrey Paul. Totowa: Rowman and Littlefield, 1981.

Pitcher, George. "The Misfortunes of the Dead", *American Philosophical Quarterly*. Vol.23, No.2, 1984.

Rosenbaum, Stephen E. "How to Be Dead and Not Care: A Defence of Epicurus", *Philosophical Quarterly*. Vol.23, No.2, 1986.

_____. "Epicurus and Annihilation", *Philosophical Quarterly*. Vol.39, No.154, 1989.

영생

Fischer, John Martin. Ed. *The Metaphysics of Death*. California: Stanford University Press, 1993.

Glover, Jonathan. *Causing Death and Saving Lives*. Middlesex: Penguin, 1977.

Williams, Bernard. "The Makropulos Case Reflection on the Tedium of Immortality", *Problems of Self*. Cambridge: Cambridge University Press, 1973.

개인 동일성

손병홍, 《가능세계의 철학》, 소피아, 2004.

존 페리, 《죽는 철학자의 3일간 대화》, 손병홍 옮김, 효형출판, 1996.

Butler, Joseph. *The Analysis of Religion*. 1736.

Garrett, Brian. "Personal Identity and Extrinsicness", *Philosophical Studies*. Vol.59, No.2, 1990.

_____. "Persons and Value", *Philosophical Quarterly*. Vol.42, No.168, 1992.

Grice, Herbert Paul. "Personal Identity", *Mind*. Vol.50, 1941.

Lewis, Hywel. D. *Person and Life After Death*. London: MacMillan, 1978.

Harris, Barbara S. *Who is Julia?*. Popular Library, 1972.

Parfit, Derek. "Personal Identity", *The Philosophical Review*. Vol.80, No.1, 1971.

_____. *Reasons and Persons*. Oxford: Clarendon Press, 1984.

Quinton, Anthony. "The Soul", *Journal of Philosophy*. Vol.59, No.15, 1962.

Reid, Thomas. "Of Memory", *Essays on the Intellectual Powers of Man*. 1785.

Shoemaker, Sydney. *Self-knowledge and Self-identity*. Ithaca: Cornell University Press, 1963.

_____. "Personal Identity: A Materialist's Account", *Personal Identity*. Eds. Sydney Shoemaker and Richard Swinburne. Oxford: Basil Blackwell, 1984.

_____. "Self and Substance", *Philosophical Perspectives. 11*. Ed. James E. Tomberlin. Oxford: Blackwell, 1997.

Unger, Peter. *Identity, Consciousness and Value*. New York: Oxford University Press, 1992.

Williams, Bernard. "The Self and the Future", *Problems of the Self*. Cambridge: Cambridge University Press, 1973.

문학작품에서의 죽음

톨스토이, 《이반 일리치의 죽음》.

_____, 《참회록》.

_____, 《인생론》.

Čapek, Karel. *The Makropulos Affair*. 1922.

Steiner, Kurt. *Le Disque rayé?(The Scratched Record)*. 1970.

죽음학

엘리자베스 퀴블러-로스, 《생의 수레바퀴》, 박홍구 옮김, 가치창조, 2001.

_____, 《죽음과 죽어감》, 이진 옮김, 이레, 2008.

오진탁, 《마지막 선물》, 세종서적, 2007.

Feifel, Herman, Ed. *The Meaning of Death*. New York: McGraw-Hill,
    1959.

사후 세계

파드마삼바바, 《티베트 사자死者의 서書》.

《이집트 사자의 서》, 서규석 엮음, 문학동네, 1999.

퍼시 콜렛, 《내가 본 천국》, 홍의봉 옮김, 일신출판사, 1986.

에마누엘 스베덴보리, 《천국과 지옥》, 김은경 옮김, 다지리, 2003.

기타

《불설비유경佛說譬喻經》.

성철, 《선문정로禪門正路》.

＿＿, 《옛 거울을 부수고 오노라(선문정로 해설집)》, 장경각, 2006.

강건일, 《신과학은 없다》, 지성사, 1998.

오노 야스마로, 《고사기古事記》.

레이먼드 A. 무디, 《삶 이후의 삶》, 서민수 옮김, 시공사, 1995.

이소노가미 겐이치로, 《윤회와 전생》, 박희준 옮김, 고려원, 1987.

Blackmore, Susan. "Near-death Experiences", *Encounters with the Paranormal*. Ed. Kendrick Frazier. Amherst: Prometheus Books, 1998.

타나톨로지, 죽는다는 것
삶과 죽음에 관한 철학적 대화

1판 1쇄 찍음 2011년 1월 5일
1판 1쇄 펴냄 2011년 1월 10일

지은이 손병홍

펴낸이 송영만
펴낸곳 효형출판
주소 우413-756 경기도 파주시 교하읍 문발리 파주출판도시 532-2
전화 031 955 7600
팩스 031 955 7610
웹사이트 www.hyohyung.co.kr
이메일 info@hyohyung.co.kr
등록 1994년 9월 16일 제406-2003-031호

ISBN 978-89-5872-098-0 03100

값 14,000원